Baby Exercises
for Growing Smarter and Stronger

母婴健康编辑组 编 著

四川出版集团·四川科学技术出版社

·成都·

益智健体，全能运动！

生命在于运动，抬头、翻身、坐、爬、走……宝宝每一次新活力的动作都会让爸爸妈妈兴奋不已。

婴幼儿期是人生长发育最关键、最重要的时期，适时、正确的宝宝运动能舒展宝宝的肢体，促进肌肉、骨骼、器官的生长发育，同时促进大脑的发育，增强机体的本体感受和动作协调能力，提升宝宝对空间的感知和对自己身体的控制能力。伴随音乐的练习，还能强化宝宝对韵律的感受与节奏的体验，为进一步的大脑发育奠定基础。

本书由全国多名妇产科、儿科医师与儿童营养、教育专家共同编写的婴幼儿健身运动科学分类汇集而成，分别为0~12个月、1~2岁、2~3岁的宝宝制定了科学、全面的体能和智能运动开发方案，包括基础活动技能与运动能力训练、尿布体操、抚触按摩、被动操、居家保健操、趣味按摩、幼儿健康体操、小不点瑜伽、益智健体游戏……丰富精彩，全彩图文，贴心指导，让爸爸妈妈一看就懂，一学就会！

运动让宝宝身体健壮、感知灵敏、头脑聪明、统感协调，每天的运动时刻，也是爸爸妈妈和宝宝一起分享的亲密时光。还在等什么？一起动起来，让你的宝宝拥有强健的体魄和聪慧自信的微笑！

一起分享亲密的亲子时光吧！

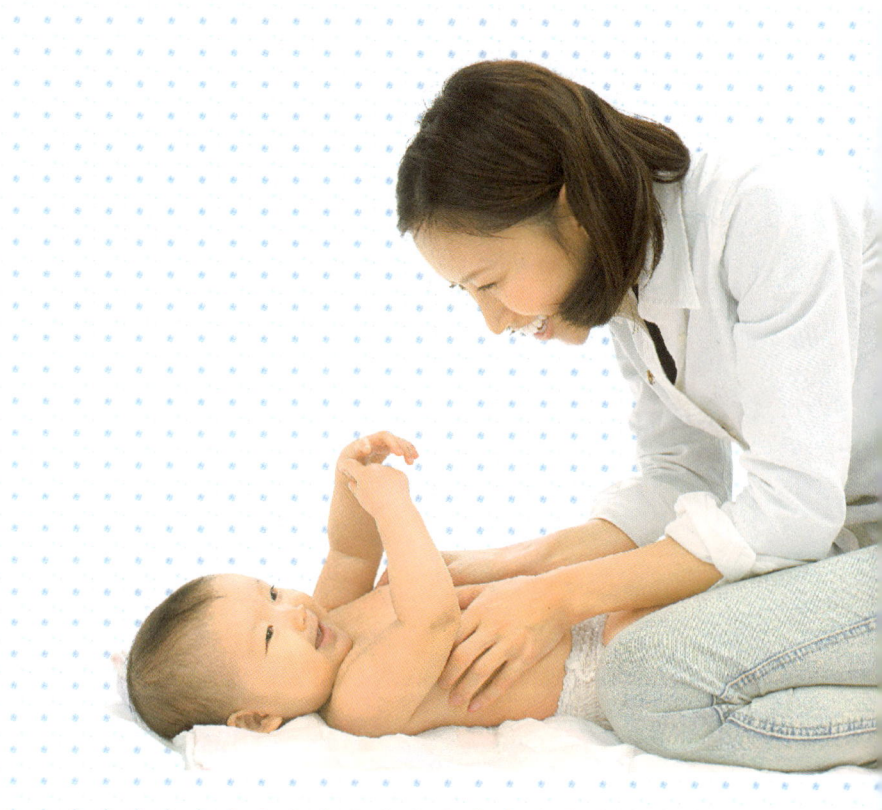
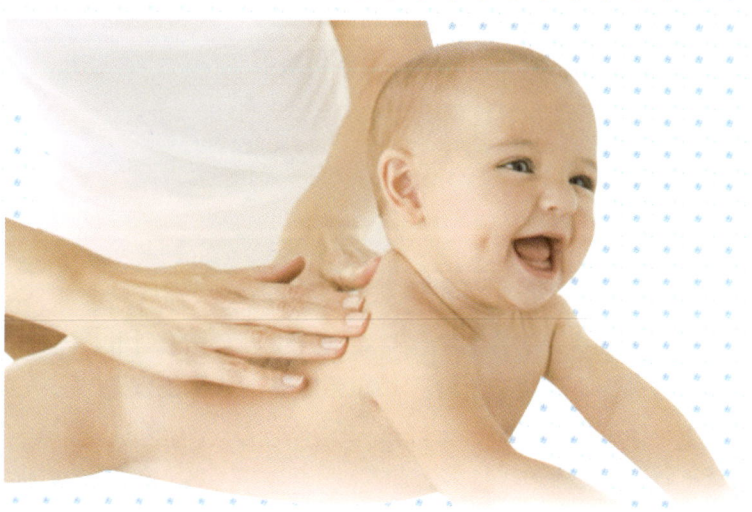

目录 CONTENTS

PART 1 宝宝体智运动 聪明更强壮

一、科学做运动，身体壮壮发育好 02
◎宝宝的生理特点　◎运动探索是宝宝成长的必然过程

二、宝宝体智运动，越动越聪明 04
婴幼儿大动作发展顺序和规律 06

三、安全事项要牢记 07
◎活动前　◎活动中　◎活动后

PART 2 宝宝动起来（0～12个月）

一、0～12个月宝宝的基础活动技能 12
0～12个月宝宝运动技能指标 12
◎ 抱宝宝——移动新生宝宝最自然的方式　◎转头练习
◎抬头练习　◎教宝宝翻身　◎爬行练习
宝宝爬坐交替好处多 19
◎学坐练习
宝宝学坐的几个阶段 20
◎站立练习

二、宝宝的尿布体操 22
◎足底按摩　◎张开手掌　◎足跟游戏　◎按摩趾肚
◎锻炼脊背　◎撑起上身　◎小手摸脚　◎两侧翻滚
尿布体操注意事项 25
纸尿裤与布尿布的比较 26

三、宝宝的抚触按摩 28

◎面部抚触　　◎胸部抚触　　◎腹部抚触　　◎手臂抚触　　◎手臂伸展
◎手部抚触　　◎腿部抚触　　◎脚掌抚触　　◎背部抚触

宝宝抚触必备知识 34

四、宝宝的被动操（0～6个月） 35

◎准备活动　　◎扩胸运动　　◎伸屈肘关节运动　　◎肩关节运动
◎伸展上肢运动　　◎下肢屈伸运动　　◎两腿轮流屈伸运动
◎下肢伸直上举运动　　◎髋关节运动

注意事项 42

五、宝宝的主被动操（7～12个月） 43

注意事项 43

◎准备活动　　◎起坐运动　　◎起立运动　　◎提脚运动　　◎弯腰运动
◎托腰运动　　◎游泳运动　　◎扶走运动　　◎跳跃运动

六、小不点瑜伽 51

◎莲花座　　◎蹬自行车　　◎蝴蝶飞　　◎倒挂金钟　　◎小眼镜蛇

0～3岁宝宝也能学瑜伽 55

七、宝宝爱做的健身游戏 56

◎寻找平衡感　　◎坐飞机　　◎荡飞船　　◎蹦蹦跳跳　　◎骑马操　　◎踢球

根据宝宝情绪选择游戏的种类 61

PART3　勇敢迈出第一步（1～2岁）

一、1～2岁宝宝的基本运动能力 64

1～2岁宝宝运动技能指标 64

◎宝宝学步　　◎宝宝学跑

宝宝学跑注意事项 71

◎动手能力培养

二、宝宝的小脚丫按摩 76

◎腿部按摩　◎脚心按摩　◎轻揉脚跟内外部　◎从脚跟按摩到脚趾

◎脚趾与脚掌相接处　◎脚趾按摩　◎脚背按摩

宝宝按摩的音乐 81

三、宝宝的居家保健操 82

◎划船练习　◎舞蹈练习　◎吊环练习　◎平衡练习

◎单手够物　◎投掷练习　◎跳圈圈　◎水中转圈

宝宝健康成长发育图 88

四、小不点瑜伽 89

◎跨坐式　◎升降机式　◎劈腿式　◎磨磨运动

◎小蝗虫　◎小猫咪　◎分腿伸展式

宝宝学习瑜伽注意事项 93

五、宝宝爱做的健身游戏 94

◎沙包游戏　◎草地体操游戏　◎手臂的乐趣　◎快乐的小脚丫

◎四只乌龟　◎冬天运动操　◎不倒翁　◎小蹬车

学会控制宝宝游戏训练的速度 101

PART 4 跟着妈妈一起快乐运动（2～3岁）

一、2～3岁宝宝的基本运动能力 104

2～3岁宝宝运动技能指标 104

◎翻跟斗练习　◎单足站立练习　◎跳跃练习　◎上下楼梯练习

◎走平衡木练习　◎骑小自行车练习

二、宝宝的趣味按摩 113

◎披萨游戏　◎小蜘蛛按摩　◎手指（脚趾）按摩游戏

◎天气游戏　◎腹部毛毛虫按摩

注意事项 121

三、幼儿健康体操 122

◎双臂背举　　◎双肩周转　　◎左右转肩　　◎伸背弯腰

◎握拳伸指　　◎双脚并跳　　◎跳跃前进　　◎踏步扩胸

◎仰卧抬腿　　◎双腿画圈　　◎儿歌体操

从小培养运动型宝宝 130

四、小不点瑜伽 131

◎小木马　　◎背背驮驮式　　◎亲子犬式　　◎骑马式　　◎轮式　　◎门闩式

◎小树　　◎风吹树式　　◎飞翔式　　◎亲子束角式　　◎亲子幻椅式

◎亲子三角伸展式　　◎小木偶

亲子瑜伽好处多 139

五、宝宝爱做的健身游戏 140

◎青蛙跳　　◎小闹钟摇呀摇　　◎手指操　　◎变个圆圆大皮球

◎双腿活动游戏　　◎快乐小骑手　　◎身体碰碰操

根据宝宝的个性选择游戏 147

坚持三浴锻炼,宝宝更健康 148

附录 0~3岁宝宝各阶段的体格发育表 151

妈妈的动作一定要
温柔一点哦!

哦！动动更健康

　　医学证明，很多成人疾病，如肥胖、高血压、冠心病、糖尿病等，以及智力发育的好坏，都与其在婴儿时期的活动锻炼有着直接或间接的关系。

　　研究发现，人体脂肪细胞的生长增殖，在一岁以内处于最活跃的阶段，此时，脂肪细胞数目的增多将遗留终身，是肥胖症和冠心病的罪魁祸首。因为这段时间的宝宝每天吃了睡、睡了吃，自身活动严重不足，热能消耗过低，体内的脂肪很容易堆积。因此，婴儿时期的身体锻炼，已经越来越引起人们的关注。哪怕只是简单地"抱、逗、按、捏"，稍微动一动就会对宝宝的身心健康起到非同小可的作用。

Part1
第一章

宝宝体智运动
聪明更强壮

Baby Exercises for
Growing Smarter
and Stronger

一、科学做运动，身体壮壮发育好

宝宝的生理特点

从生理学角度来讲，宝宝的心脏正在发育中，心肌柔软、心壁薄、容积小，自主神经对心脏调节功能尚不完善，各个器官刚刚开始发挥作用，十分敏感和脆弱。

心脏和循环系统方面

心脏是人体里的"泵"，由它向全身各个部位输送血液。但是宝宝的"泵"能力还不够强，神经系统也没有完全发育成熟，容易出现四肢末端发凉的情况。为了促进宝宝的血液循环，应该对宝宝多进行按摩和拉伸运动，这样可以刺激宝宝的血液循环，让宝宝手脚暖和、体质增强、发育更快！

呼吸系统方面

宝宝的呼吸道比成人短且狭窄，组织柔嫩，呼吸道黏膜容易受到损伤，呼吸道壁的血管和淋巴管较多；肺泡比成人小；脑部发育与胸郭肌肉比成人差。因此让宝宝锻炼身体、进行户外活动等，可以加强呼吸系统的功能，使其拥有比较均匀的深长呼吸，以便给身体提供充分的氧气，促进身体的发育。

消化系统方面

宝宝的胃酸浓度比成人低（为成人的 65% ~ 70%），消化酶的活力较低，消化能力较成人差，胃的容量不大，胃壁很薄，容易发生消化不良。适量的按摩和运动有助于宝宝的胃肠蠕动，增强宝宝的消化和吸收能力。

神经系统方面

宝宝对外界刺激反应性强，适应能力差，抵抗力弱，因而容易受外界不良因素影响。多多运动有助于增强宝宝的抵抗力，使宝宝能够更好地适应外界变化和刺激。

因此，爸爸妈妈一定要鼓励宝宝多走走、跑跑、跳跳，只有让宝宝活动起来，才能够调动其身体内部器官的活动。肺和心脏活动加强了，新陈代谢才能加强，宝宝的体质才能增强。1岁以内的宝宝，妈妈可以通过按摩或者帮助宝宝动动四肢进行锻炼；2岁的宝宝可练习走路、跑跳等；3岁的宝宝可参加跳绳、蹦床、单腿跳等活动。另外，还可进行一些能够调整运动能力的项目，如过独木桥、舞蹈、结合游戏所进行的跑跳等。

运动探索是宝宝成长的必然过程

宝宝天生喜爱运动。最新科研成果表明，宝宝运动不足，会影响脑部发育。运动能力的高低是衡量大脑成熟度的一个重要指标。因为，婴幼儿是通过感觉与运动来认识世界的，他们用自己的眼睛去观察与识别，用自己的双手去触摸、摆弄与探索，而这些具体的身体动作可及时转化为大脑的活动，从而激发大脑的发育。如果婴幼儿在早期缺乏运动，大脑得不到良好的刺激，则会影响脑部发育，甚至会影响日后的学业发展。

在中国，传统的育婴观念和方式只重视孩子的营养和智力开发，很少有父母认识到孩子强身健体的重要性。其实，婴幼儿先天就具有运动潜能，开发得好，会变成后天的技能。如果不注意开发，这种潜能就会在几个月内慢慢消退。0～6岁是孩子进行体育锻炼的关键时期，尤其0～3岁是孩子运动发育非常快的时期，在这期间，相继学会抬头、翻身、坐、爬、走、跑、跳等。可以说，3岁前是开发婴幼儿运动潜能的敏感期，适宜的运动不但能强身健体，而且可以提高身体活动的准确性、灵活性和协调性。婴儿期的健身运动还可以锻炼孩子的胆量、毅力、自信、自控能力，对宝宝良好个性的形成起到积极的作用。因此，爸爸妈妈们在注重孩子智商、情商潜能开发的同时，更要注重"体商"的培养。

二、宝宝体智运动，越动越聪明

很多爸爸妈妈把宝宝的智力理解为识多少字、背多少诗、会多少位的加减法。甚至不惜花大量时间和金钱把宝宝送去学钢琴、学美术、学外语……其实，这是对"智力"的一种认识误区。因为，智力不仅包括认知反应的特性，还包括有效地处理问题、快速而成功地适应新环境的能力。对婴幼儿进行智力开发最有效的方法之一，就是有目的地让宝宝参加体育活动。

运动是最重要的生理刺激之一，是系统地刺激活动感受分析器的有效方法。因此，让婴幼儿在早期进行适当运动，不仅可以全面提高宝宝身体素质并强化骨骼、血管和关节，赋予宝宝们一个强健的身体，还能促进智力的迅速发育。具体体现在以下几个方面：

促进肌肉增长和骨骼发育

宝宝在运动的过程中，肌肉会得到拉伸，慢慢地就会变得强健、结实。在运动的时候，宝宝的软骨组织会受到摩擦和挤压，可以促进脑垂体分泌生长激素，使骨骼生长得更加快速、更加坚固。所以经常做健身操的宝宝骨骼发育都比较好，不会出现畸形，也能长得更高。

促进内脏器官发育

做健身操的时候，心、肺、肝、脾、肾等内脏器官都会受到规律性的挤压和摩擦，但不会受到超负荷的压力。这样，宝宝的各个器官都被调动起来，使器官内部变得强健，成长也就变得迅速。

促进大脑发育

　　大脑的发育需要充足的血液和良好的代谢，运动能够使大脑血液的流量增强，增多大脑毛细血管数量，促进大脑神经元之间建立永久链接，促进宝宝大脑发育，同时提高宝宝的身体协调能力、平衡能力、反应能力、灵敏度以及运动技巧、大小肌肉的发育水平，使宝宝的四肢更发达、头脑更聪明。

提高心理健康水平

　　运动有助于宝宝提高心理健康水平，使宝宝更有自信，行动上独立自主，做事情更有效率。运动还能让宝宝们身心放松、心情舒畅。调查表明，运动好的宝宝长大后社交能力更强，更受同伴欢迎，更善于处理人际关系。

婴幼儿大动作发展顺序和规律

脊柱是人体的主梁，上承头部，下接骨盆，从侧面看这根主梁是呈S形的，具有一定的生理性弯曲，并可分为颈曲、胸曲、腰曲等三曲。具有了这些生理性弯曲，宝宝在做走、跑、跳等动作的时候，更具有弹性，更具有保护性。但是这些弯曲并不是与生俱来的，而是随着婴幼儿动作的发展逐步形成的，七岁以后弯曲固定。

颈曲形成时期：3个月

一般当宝宝出生3个月能抬头的时候，就形成了脊柱的第一个弯曲——颈曲。但这时弯曲还未固定，仰卧时还可能消失。因此，对于初生婴儿来说，应该尽量多让宝宝趴着玩，让颈曲得以发育成型。

胸曲形成时期：6～7个月

6～7个月能独坐的时候，形成了脊柱的第二弯曲——胸曲。

腰曲形成时期：10～12个月

1岁左右学走的时候，就形成了脊柱的第三个弯曲——腰曲。

大动作发展顺序：

从头部→躯干→下肢，即沿着抬头→翻身→坐→爬→站→走→跑→跳等的方向发展。还包括全身的平衡协调动作。

大动作发展规律：

由身体中央部位到边缘部位，由无意动作到有意动作。

大动作发展的关键时期：

3～4个月 翻身能力发展　　　　　7～8个月 爬行能力发展

10～11个月 独自站立能力发展　　11～12个月 独自行走能力发展

24～25个月 单脚站立能力发展　　32～33个月 单脚跳跃能力发展

36～37个月 控制物体平衡能力发展

Safety Attentions

三、安全事项要牢记

很多爸爸妈妈担心让宝宝运动不安全，这种想法其实是不正确的。德国有一份研究报告指出，在德国每年有180万儿童出现事故，但发生事故的往往是那些不经常运动的儿童。因为不经常运动的儿童缺少经验、力量和技巧，而这些正是日常生活中从事基本运动能够获取的能力，如果缺少这些能力，一碰到什么东西当然就容易受伤。因此，可以说宝宝越动越安全，只是在运动时需要家人的小心看护。而且，宝宝越小，家人越应该采取防护措施来保证宝宝安全，如在做亲子运动和游戏时要注意力度，因为宝宝很容易感觉到劳累，所以做运动不能做得太久，强度也不能太大。

以下是宝宝运动时必须要了解的注意事项，请爸爸妈妈们一定要牢记：

 活动前

确保宝宝活动场地的安全

首先，要检查活动的场地、设施，排除活动场地上的异物和积水、坚硬物品等不安全因素。另外，宝宝的服装要轻便、舒适，避免过多、过厚的衣服限制宝宝活动。同时也不要给宝宝穿过硬的鞋子，以免扭伤或摔伤。

掌握适宜户外活动的时间

上午10点和下午3点左右为宝宝户外活动的最佳时间。研究表明，此时是全天中空气较清洁的时间段。上午9点后，地面受阳光照射，温度升高，空气对流迅速，积聚在人呼吸带的空气污染物稀释、扩散；午后3点，气温较高，风速快也有利于空气净化，所以这两个时间段最适合宝宝活动。此外，饭前饭后半小时内最好不要带宝宝出去活动。天气太冷也不宜到户外，如果宝宝吸入冷空气，就容易产生胃痉挛，对宝宝身体造成不利影响。

选择合适户外运动的天气

雾天不宜让宝宝外出活动，因为雾中往往带有烟尘、粉尘、病菌等有害物质，此时空气湿度大，还会阻止废气向空中扩散。雾天也相对缺氧，会让宝宝感到胸闷、心慌、气促、无力。

 活动中

观察宝宝的活动状况

活动量适宜时，宝宝面色红润，汗量不多，呼吸中速稍快，动作不失常态，情绪愉快，注意力集中。反之，如果宝宝表现出很疲劳的样子，表明活动量过大，应适当减少活动量。

注意宝宝运动量的安排

根据宝宝生理机能活动"上升——稳定——下降"的一般规律，爸爸妈妈要掌握"活动量由小到大逐步上升，活动结束前又逐步减少"这一原则，以便在活动结束后的较短时间内，宝宝能很快恢复体力。

加强宝宝活动时的护理

爸爸妈妈要做到既保护好宝宝，又要使宝宝得到充分的锻炼。在宝宝活动时，要注意不要让宝宝碰撞到坚硬有棱角的家具或物品，还要及时给宝宝擦汗、换衣。对于出汗量大的宝宝，活动时可给宝宝背后垫一块干毛巾，以便更好地吸收汗液，避免宝宝活动后着凉。

活动后

不可马上吃冷饮

　　运动结束后不可让宝宝马上吃冷饮。宝宝在活动后新陈代谢旺盛，各种器官的毛细血管均处于扩张状态，如果此时马上饮用冷饮，会刺激各处的毛细血管，尤其是胃肠道的毛细血管立刻收缩，这会影响胃肠道的血液供应和消化液的分泌，长期如此则会引起胃肠道的功能紊乱，出现腹泻、腹痛、食欲不振、消化不良等症状。

不要立即洗澡

　　运动过后，宝宝的身体会排出大量的汗液，如果此时给宝宝洗冷水澡，冷水会刺激皮肤神经感受器，使皮肤毛孔突然关闭，全身毛细血管包括肾脏毛细血管骤然收缩，使宝宝产生畏寒、发热、口渴、尿少等症状。毛细血管的强烈收缩，还会引起血压升高，出现头晕、头痛、头胀、眼花、恶心呕吐等不良反应。

　　如果宝宝运动后立即洗热水澡，会刺激皮肤、肌肉毛细血管扩张，体内的血液过多地分布到皮肤、肌肉中去，会造成心脏、肝脏、脑等人体重要器官血液流量减少，从而出现头昏、胸闷、眼花，甚至晕厥现象。如果宝宝经常性地在活动后马上洗热水澡，久而久之会出现长期的、慢性的头昏和头痛等病症。

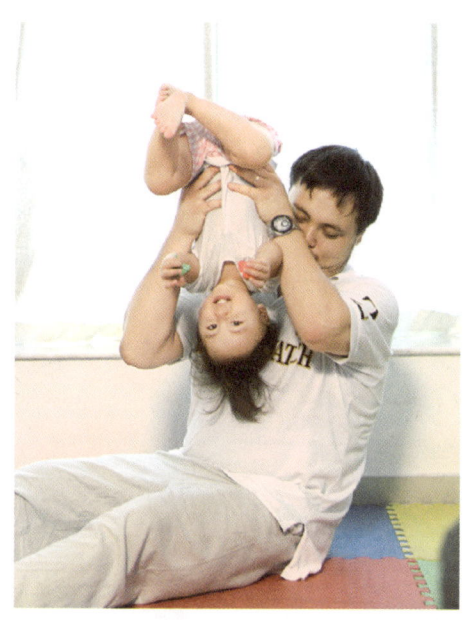

　　生命在于运动，宝宝的活力更在于运动。宝宝第一次抬头、第一次翻身、第一次坐、第一次爬、第一次走……每一次宝宝的健康活力都会让爸爸妈妈兴奋不已。

　　让宝宝动起来，呼吸新鲜空气，享受阳光照射，不仅能锻炼身体，更能促进心理健康。运动让宝宝身体健壮、手脚灵敏、头脑聪明，每天的运动时刻，也是爸爸妈妈和宝宝一起分享亲密时光。还在等什么？爸爸妈妈和宝宝一起动起来吧！

Part 2
第二章

宝宝动起来

（0～12个月）

Move, Move, Baby

（0～12 Month-Old）

Basic Activity Skills of
0~12 Month-Old Babies

一、0~12个月宝宝的基础活动技能

宝宝从出生至3个月，每天一半以上的时间都处于睡眠状态。此年龄段宝宝颈部肌肉还不够发达，不能很好地支撑头部。但妈妈们已经可以根据宝宝发育的情况，对宝宝进行大动作训练，帮助宝宝尽早掌握运动技巧，促进运动智能的发展。

0~12个月宝宝运动技能指标

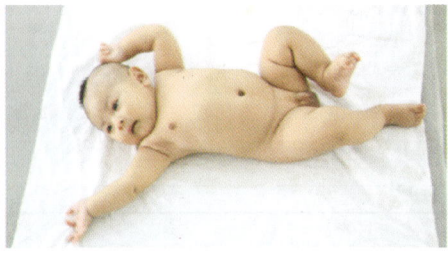

·2~3个月基本可以抬头、转动头部。

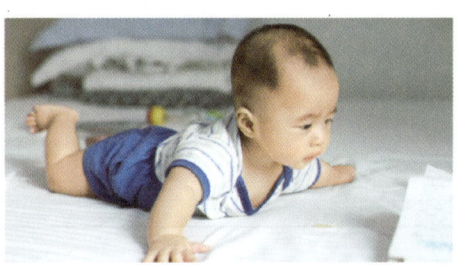

·3个月俯卧时可以利用胳膊肘支撑起前半身。

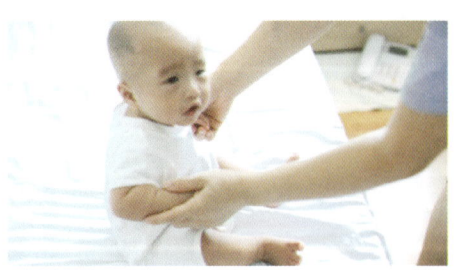

·4个月在爸爸妈妈的扶持下可以坐起来。

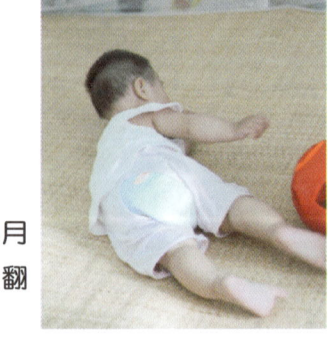

·5~6个月可以仰卧翻身。

· 6～7个月不需成年人的扶持能够自己坐立。

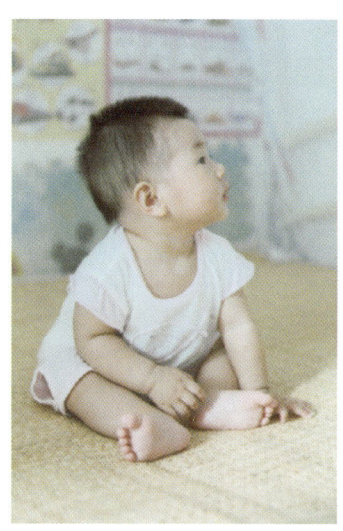

· 8～9个月会爬行。

· 9个月能够扶着家具站立。

· 10～11个月可以用双手和膝盖着地爬行上楼梯，能自己站立，双手被扶着时，可以走路。

· 11～12个月单手被扶着时，可以走路。

抱宝宝——移动新生宝宝最自然的方式

 **0～3个月 搂抱宝宝**

Play

宝宝仰卧时，妈妈（或爸爸）左手轻轻插到他的腰部和臀部，右手轻轻放到他的头颈下方，慢慢地抱起他。这样，宝宝的身体有依托，头也不会往后垂。然后将放在宝宝头部下方的右手慢慢移向左臂弯，将他的头小心转放到左手的臂弯中。将宝宝横抱在你的臂弯里，会使他感到很舒服。

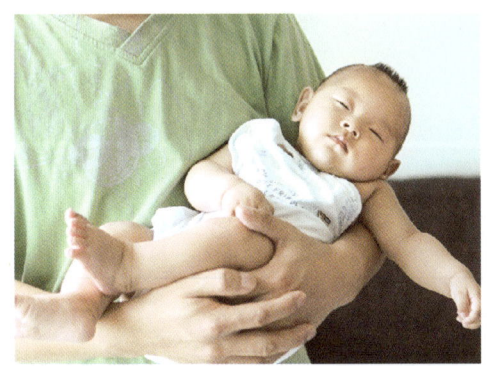

爱心·小·贴士

要同时托住宝宝的脖子和臀部，这样宝宝才不容易受伤。这样的抱姿，宝宝的手脚可以自由活动，自由玩耍。注意要尝试从左右两个方向抱宝宝，以免宝宝身体的发展不平衡。

 3～6个月 单侧手臂抱宝宝

Play

妈妈（或爸爸）用单侧手臂托住宝宝的臀，使宝宝身体竖直，侧向妈妈（或爸爸）胸前。

爱心·小·贴士

这样抱宝宝可以促进宝宝臀部的灵活性，促进头部和手臂的发育。

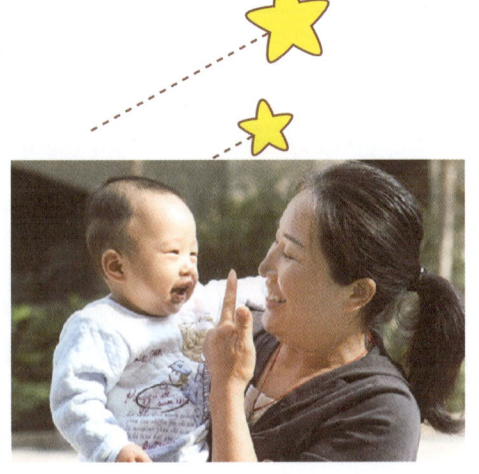

6个月以上 把宝宝抱在胸前

Play

当宝宝可以较好地控制自己的头部时，让宝宝背靠着妈妈（或爸爸）的胸部，用一只手托住他的臀部和大腿，另一只手绕过宝宝的胸前扣住他。这样，让宝宝面向前抱着，能使他很好地看看面前的世界。

爱心·小贴士

这种抱姿可以使宝宝的背部通过爸爸妈妈的身体得到支撑，从而达到锻炼宝宝背部的目的，同时也可以增强宝宝腿部的力量。

转头练习

0～3个月

Play

（1）让宝宝以舒适的方式躺在床上。（图1）

（2）妈妈（或爸爸）在旁边忽左忽右用击掌声或者玩具逗引宝宝，同时还可以跟宝宝说："宝宝看这边，妈妈在这呢!"让宝宝随着响声出现的方向左右转头寻找，促使宝宝左右转头。（图2）

爱心·小贴士

转头运动可以训练宝宝的颈部肌肉，每次练习时间不宜过长，5分钟左右即可。

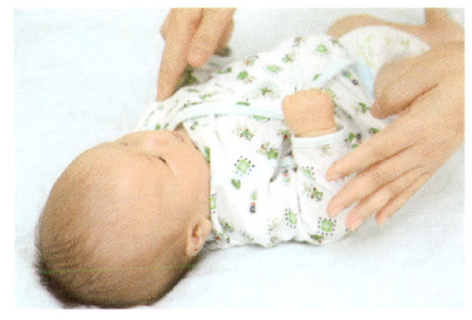
图1

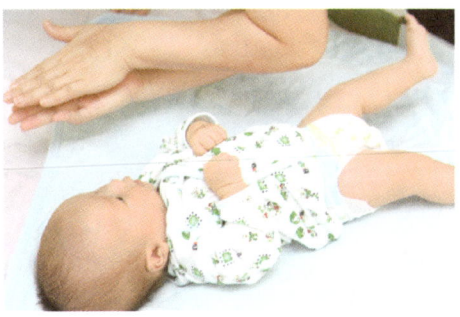
图2

抬头练习

2～3个月

Play

让宝宝俯卧在床上，两臂弯曲放在胸前，手心向下支撑着身体。妈妈（或爸爸）用一个色彩明亮、鲜艳且带有声音的玩具，叫着他的名字逗引着他，让宝宝抬头寻找玩具。

爱心·小·贴士

此练习要在宝宝心情愉快的时候进行，同时避免宝宝吃完奶后立即进行，防止吐奶。让宝宝从各个角度把头抬起来，除了趴在床上逗他，还可以在抱着他时从上方制造声音逗他。一开始吸引宝宝抬头，逐渐就可以达到让宝宝抬头挺胸的效果。每次练习可根据宝宝情绪控制在3～10分钟内，每天可重复数次。但宝宝不想运动时就应该立即停止。当宝宝完成了一次练习后，妈妈（或爸爸）可以让孩子侧身、抚摸一下他的后背，让他的肌肉放松。

抬头练习能很好地锻炼宝宝颈肌、背肌、脊椎和胸肌的力度，加快宝宝的发育，而且能让宝宝的视野更开阔，方便宝宝探索这个五彩缤纷的未知世界。经常进行抬头练习的婴儿，满1个月的时候就能将头抬起数秒，2个月时可以在俯卧位抬头呈45度，到了3个月时就能用双臂支撑着挺起头和胸部，上举到90度。

教宝宝翻身

 0~3个月

Play

（1）宝宝清醒时，平躺在床上，妈妈（或爸爸）将吸引宝宝的玩具置于他身体的一侧。（图1）

图1

（2）宝宝的头会轻轻往放有玩具的一边歪过去。宝宝如果对玩具感兴趣的话，他会伸出手去，这样的动作会带动宝宝身体慢慢地转过去。（图2）

　　妈妈（或爸爸）也可以用手托住宝宝一侧的手臂和背部慢慢推向另一侧，帮助宝宝翻身；或者妈妈（或爸爸）用双手抓住宝宝的脚，慢慢转至另一方向，由下往上带动身体翻转。

图2

爱心·小·贴士

　　每日2~3次，每次5分钟左右。

　　坚持翻身锻炼可以增强宝宝腰部肌肉的力量。处于翻身阶段的宝宝，妈妈（或爸爸）一定要细心照看，最好不要离开宝宝。因为刚刚学会翻身的宝宝，喜欢尝试新事物带来的快乐，所以喜欢翻来翻去。如果安全措施没有做好，宝宝很有可能从床上滚下，导致受伤；或者宝宝受运动能力的限制翻过去就翻不回来了，没有大人的帮助，宝宝很容易窒息。此外，一定要注意看看宝宝小手触及的地方有没有危险物品，以防宝宝随意抓握弄伤，更要防止宝宝将物品放入嘴中造成窒息。

图1

7～9个月

Play

让宝宝俯卧在床上，妈妈在宝宝前面摆弄会叫或会响的玩具如小鸭子、小熊打鼓等，吸引宝宝的注意，并不停地说："宝宝，小鸭子叫了(或小熊敲鼓了)，快来拿啊！"爸爸可在宝宝身后用手推着宝宝的双脚掌，使其借助爸爸的力量向前移动身体，接触到玩具，以后逐渐减少帮助，训练宝宝自己爬。（图1、2、3）

图2

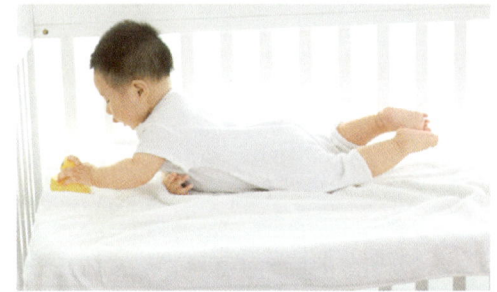

图3

一般婴儿能够自如翻身就有了学爬的机会，开始宝宝只能趴着玩但不能向前爬，或者是在原地旋转及向后退，此时爸爸妈妈可有意识地教宝宝练习爬。开始爬行时宝宝可能很费力，腹部离不开床面，大人可用一条毛巾放在他的腹部，然后提起腹部让他练习手膝爬行。渐渐地，宝宝会上下肢协调起来，可以用双手及双膝协调灵活地向前爬行。

爬行是一种很好的全身性运动，它能促进身体各部位的生长发育。爬行训练对大脑控制眼、手、脚协调的神经发育有极大的促进作用，可以促进宝宝大脑的发育及平衡能力，开发智力潜能。

宝宝爬坐交替好处多

爬为坐奠定了基础，爬和坐是相互促进的。爬坐交替不仅可以满足宝宝不愿安静坐着的需求，又锻炼了宝宝胸腹腰背及四肢的肌肉，可促进其骨骼的生长，为其以后站立和行走打下良好的基础。爬坐交替消耗能量多，能让宝宝胃口好、睡眠好，从而促进身体良好的发育。

学坐练习

 8～10个月

Play

·在宝宝4个月时，爸爸妈妈可以用手脚支撑宝宝的背部、腰部，让他能短时间地坐一会儿。（图1）

·宝宝5～6个月时，能控制脑、头和背肌，坐下不必靠支撑物。但是宝宝的背肌还不结实，为了让宝宝坐好，可以用枕头垫着宝宝背部让其坐在有靠背的沙发上或者地面上，这样会比坐在柔软的床垫上更稳。（图2）

·宝宝7个月大时一般就能坐稳，但是宝宝不喜欢安静地坐着，此时可以在宝宝的面前放一些玩具，引诱他们去抓玩具，逐渐练习使宝宝坐得更稳。（图3）

图1

图2

图3

宝宝学坐的几个阶段

宝宝5个月大的时候，可以用两手支撑在地上撑起上半身，身体稍向前倾，背部弯曲，但不能较长时间坐，手一松开就会倒。

宝宝7个月时，背部可以伸直了，并保持平衡。逐渐可以大胆放开手，不支撑着也可以稳坐。

宝宝9个月时，坐稳后可以用两手拿东西。如果前方有玩具，宝宝能坐起去拿，但转动身体时仍然会倒下。

宝宝10个月时，妈妈（或爸爸）在背后叫他的名字，宝宝即使坐着也会转身不倒地。有的宝宝还可以将两腿盘起。

站立练习

 10～12个月

Play

·**扶站练习**：刚开始时，可用双手支持在宝宝的腋下，让其练习站立。当宝宝两手扶站较稳时，可训练一手扶站，让宝宝另一只手去取玩具。(图1)

图1

·**独站练习**：爸妈可用双手扶着宝宝的腋下，让宝宝扶住沙发靠背站稳，然后慢慢放手，并拍手鼓励宝宝独站。（图2）

图2

·**起立练习**：教宝宝从俯卧位双手撑起身体，再双腿跪起来，呈爬姿，抓住栏杆站起来。（图3、4）

图3

图4

　　宝宝在经历了抬头、翻身、坐、爬行等运动发育的过程后，慢慢要开始学习站立了。一般在宝宝9～10个月时就能独自站立了。训练宝宝站立时，要由易到难逐渐进行，每次不应超过5分钟，因为相对体重而言，孩子下肢的支撑能力是不足的，过早过多地站立会影响下肢的形状。站立不仅能促进宝宝运动功能的发育，同时也能促进其智力的发展。

二、宝宝的尿布体操

本套体操可以在给宝宝换尿布的时候进行。做操时最好把宝宝完全脱光光，"天体"运动能让宝宝享受最大限度的活动自由。当然，为了防止宝宝尿床，也可以先给宝宝穿上纸尿裤。

足底按摩

Play

用大拇指从宝宝的脚掌心向脚趾稍稍用力按摩。先按右脚心，再按左脚心。

爱心·小·贴士

通过按摩能活动宝宝的脚趾，帮宝宝放松脚部，对以后学习走路很重要。

张开手掌

Play

用两个大拇指分别按摩宝宝的两只小手，从掌心到手指。

爱心·小·贴士
　　宝宝的小手常常是握着拳头的，通过按摩，将他的手掌伸展开，为今后的抓握做好准备。

足跟游戏

Play

　　握住宝宝的小腿，将两只足跟相对轻轻搓摩。这个练习是下一个练习的基础。

爱心·小·贴士

　　足跟游戏可以灵活宝宝的脚跟，让宝宝的肌肉组织通过按摩得到伸展，为宝宝日后能站立得更稳打好基础。

按摩趾肚

Play

　　并拢宝宝的双足，用食指和拇指按摩脚趾肚。

爱心·小·贴士

　　这个练习对那些有轻微足内翻的宝宝尤其重要，能矫正足形。

锻炼脊背

Play

抓住宝宝的小腿，然后将两条腿推向肚子，再轻轻地拉回来。（图1、2）

图1

> **爱心·小·贴士**
>
> 在这个练习中要保持宝宝上半身不动，可以强壮背肌。

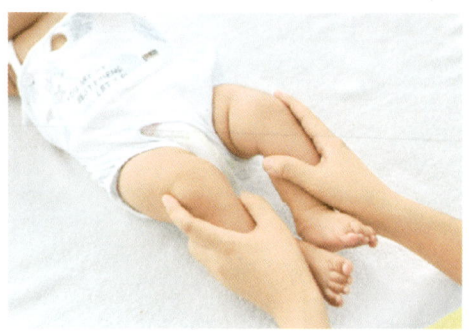

图2

撑起上身

Play

让宝宝用两只小臂撑起上半身，你先把玩具递到他的左手，再递到他的右手。

> **爱心·小·贴士**
>
> 通过训练，使宝宝在没有人帮助的情况下，独自抓到心仪的玩具，有利于锻炼宝宝的平衡能力。

小手摸脚

Play

　　将宝宝的右脚向左手的方向推，让宝宝试着用手摸脚，而后换左脚和右手重复练习。

　　对角线运动有利于促进全身的协调，形成良好的身体感觉。

两侧翻滚

Play

　　一只手抓住宝宝的手，另一只手扶住宝宝的背部，帮助他向左侧翻滚，然后回到中央，再向右侧翻滚。

　　侧翻滚能有效强壮宝宝的腹肌，同时对宝宝学习翻身也很有帮助。

尿布体操注意事项

- **太小的宝宝不适合做：**尿布体操最好从宝宝三个月时开始，因为这时宝宝能够控制自己的行动了。

- **不要过分要求宝宝：**10分钟的练习就足够了，有的宝宝甚至坚持的时间更短。你可以改变练习的顺序，或选择部分动作进行练习。但是尽量要从练习1和练习2开始。

选择较硬的垫子： 如果垫子太软了，就很难让身体保持稳定和平衡，所以尽量不要让宝宝在床上练习尿布体操。最好是在地板上铺个垫子，让阳光能照在宝宝身上。

注意保暖： 无论是在哪个房间或地方做尿布体操，都要有适宜的温度。气温低的时候，要提前打开暖风机，让室内温度达到24℃左右。

宝宝生病时应暂停： 尽管尿布体操看上去很轻柔，但也要耗费一定的体力，所以必须在宝宝完全健康的时候进行。如果宝宝生病了，要等到他完全康复后再继续。

纸尿裤与布尿布的比较

比较项目	布尿布	纸尿裤
需要数量和配套物品	布尿布大约30张(最好裁成72厘米长，36厘米宽)；尿布裤（商场有售）3条；用来存放及清洗脏尿布的桶2个	宝宝出生前准备好NB号纸尿裤1~2包；宝宝出生后再根据他的体重逐渐购买；准备1个能够防止味道外溢的带盖的垃圾桶；准备一些擦臀部的婴儿柔湿巾
购买技巧	可以购买专用的婴儿布尿布，也可以用家里柔软、吸水性能好的旧棉布、床单、衣服做尿布。深颜色的布料可能对宝宝的皮肤产生刺激作用，所以，以白、浅黄、浅粉色为宜	可以去商场或超市购买，比布尿布方便，但价钱稍高
折叠方法	把布尿布对折成72厘米长，12厘米宽的长方形，用针线把尿布两个宽边缝合，再对折成36厘米长，12厘米宽的长方形就可以了。随着宝宝长大，长宽可以随时调整	无需折叠，可直接使用

使用方法	先用折叠好的长方形布尿布兜住宝宝的臀部，男孩尿流方向向上，腹部折厚一些；女孩尿往下流，尿布可在腰部折厚一些，最后再穿上尿布裤	将腰部粘贴好，用食指将大腿跟处的松紧边捋顺就可以了
擦拭臀部	可以直接用布尿布擦拭臀部，既柔软，吸水性又强，宝宝也会感到很舒服。撤掉脏尿布，再用湿润的干净尿布轻轻擦拭臀部就可以了	用婴儿柔湿巾擦拭臀部股，如果纸尿裤里有大便，最好先用清水洗洗臀部并擦干。穿上新纸尿裤前一定要让臀部彻底晾干，可以预防尿布疹
使用后如何处理	可以重复使用，不用丢弃	先用工具把上面的大便弄到马桶里冲掉，再把纸尿裤丢进垃圾筒。这样做不仅可以防止异味，还减少了细菌的传播
清洗和消毒	带小便的布尿布与带大便的要分开洗涤。先用清水浸泡15分钟，再加洗涤剂洗涤。洗完的尿布放在开水里煮5～10分钟，再放到阳光下晾晒	一次性产品不用清洗和消毒。但已打开包装的纸尿裤，要收藏在干净的袋子里，防止灰尘落在上面
变更大小	无需更换布尿布大小，随着孩子的长大，只要更换布尿布的叠法或是用两张同时使用就可以。尿布裤可随着孩子的长大而不断变更(市场上销售的尿布裤都标有和宝宝身高、体重相应的尺寸)	不同的孩子情况不同。最好时常在换纸尿裤时检查大腿和腰部是不是紧了。如果是，就要更换大一号的纸尿裤
吸水性/锁水性/防水性	吸水性很强，而且随时吸收尿液，保持宝宝皮肤干爽。但它的锁水性和防水性差，所以需要和防水的尿布裤配合使用。脏尿布要及时更换，以免尿液对宝宝的皮肤产生刺激	集吸水、防水、锁水等多种功能于一身。使用起来比布尿布方便很多。但是纸尿裤不能及时吸收尿液，所以长时间穿着它很容易让宝宝觉得不舒服

Touching and Massaging

三、宝宝的抚触按摩

抚触按摩不仅能带给宝宝爱的满足，还能安抚宝宝的情绪，减少哭闹，同时可以刺激宝宝的淋巴系统、增强抵抗力、改善消化系统、促进睡眠……对宝宝的心理和生理发育都很有益处。

面部抚触

Play

（1）额头：双手拇指放在宝宝前额眉间上方，用指腹从额头轻柔向外抚摩至太阳穴。眉头、眼窝、人中、下巴，同样用双手拇指指腹轻轻向外推压。重复3～5次。（图1、2）

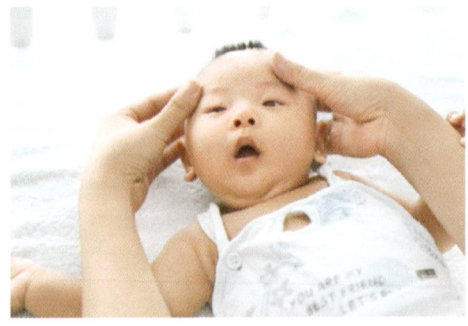

图1

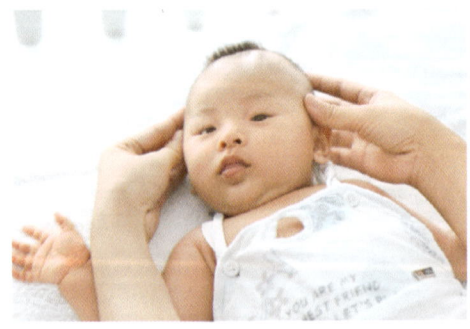

图2

（2）下巴：拇指指腹从宝宝下巴处沿着脸的轮廓向外向上滑动，至耳垂处停止。重复3～5次。（图3）

（3）枕部：两手手指从前额发际向上向后抚摩至下发际停止，并轻轻按压。重复3～5次。（图4）

（4）耳朵：用拇指和食指轻轻按压耳朵，从最上面按到耳垂处，反复向下轻轻拉扯，然后再不断揉捏。重复3～5次。（图5）

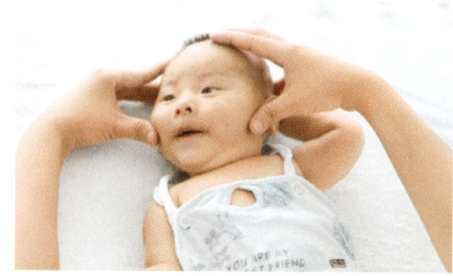

图3

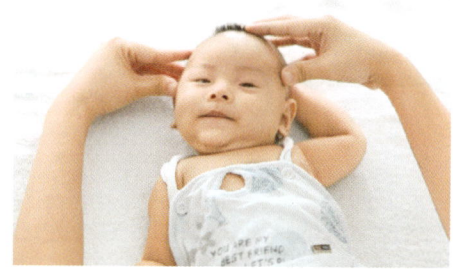

图4

爱心·小·贴士

脸部按摩有利于舒缓宝宝脸部的肌肉。

在抚触时可以念童谣给宝宝听："小脸蛋，真可爱，妈妈摸摸更好看。"按摩耳朵时可以念："小耳朵，拉一拉，妈妈说话宝宝听。"

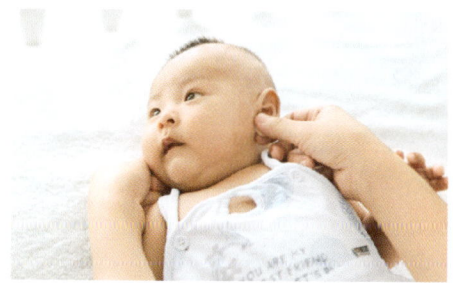

图5

胸部抚触

Play

双手放在宝宝的两侧肋缘（胸部两侧的外下部），先是右手绕过乳头向上滑向宝宝左肩，还原后换左手上滑到宝宝右肩，还原。重复3～5次。（图1、2）

图1

胸部抚触可以使宝宝的呼吸循环变得顺畅。

抚触时可以这样念："摸摸胸口，真勇敢，宝宝长大最能干。"

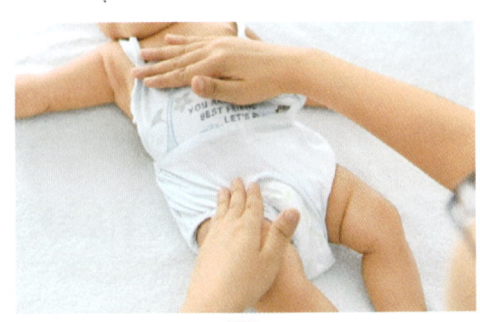

图2

腹部抚触

Play

把手掌放平，用指腹顺时针方向画圆抚摩宝宝的腹部。重复3～5次。

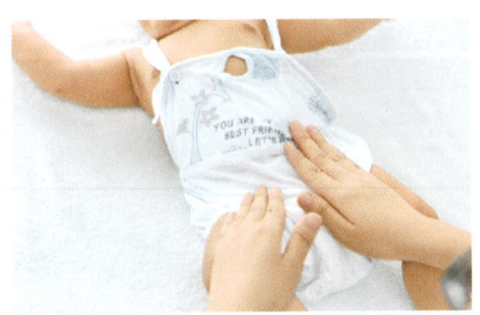

注意动作要特别轻柔，不能离肚脐太近。经常做腹部抚摩有助于肠胃运动。

抚触时可以这样念："小肚皮，软绵绵，宝宝笑得甜又甜。"

手臂抚触

Play

双手握住宝宝的上臂，从上臂到手腕，轻轻挤捏宝宝的手臂。重复3～5次。

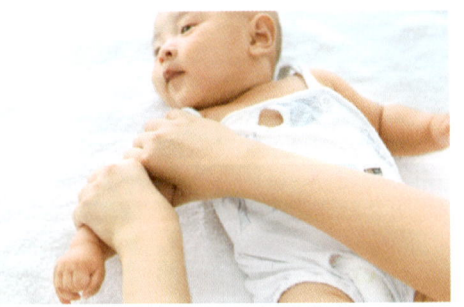

给宝宝手臂按摩可以增强手臂的力量和灵活性。抚触时可以这样念："搓搓宝宝小手臂，宝宝长大有力气。"

手臂伸展

Play

　　将宝宝的手臂向左右慢慢分开，掌心向上。重复3~5次。

> **爱心·小·贴士**
>
> 　　宝宝的手臂多多伸展有利于宝宝的关节灵活，减少损伤。
> 　　抚触时可以这样念："伸伸小胳膊，宝宝灵巧又活泼。"

手部抚触

Play

　　（1）双手拇指依次从宝宝的手掌根部向指尖抚摩宝宝的手掌，使他的小手张开。重复3~5次。（图1）
　　（2）把拇指放在宝宝掌心，其他四根手指按摩宝宝的手背。重复3~5次。（图2）

图1

图2

（3）一只手轻轻握住宝宝的手腕，另一只手的拇指和食指轻轻捏住宝宝的手指，从小指开始依次转动、拉伸每个手指。重复3～5次。（图3）

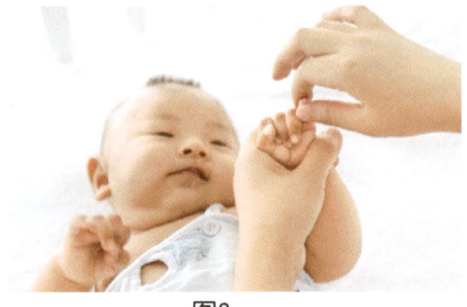

图3

爱心·小贴士

手部抚触可以使宝宝的手指灵活，有利于培养宝宝的抓握能力。

抚触时可以这样念："动一动，握一握，宝宝小手真灵活。"

腿部抚触

Play

（1）一只手握住宝宝的小腿，另一只手从膝盖向上轻轻揉捏宝宝大腿的肌肉，一直按摩到尾椎下端。重复3～5次。（图1）

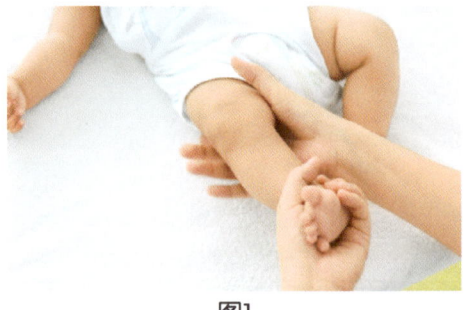

图1

（2）一只手托住宝宝的脚后跟，另一只手握住宝宝的小腿肚，沿膝盖向下揉捏、滑动至脚踝。重复3～5次。（图2）

图2

爱心·小贴士

对宝宝腿部进行按摩可以增加运动协调功能，为宝宝站立打下良好基础。

抚触时可以这样念："宝宝会跑又会跳，爸爸妈妈乐陶陶。"

脚掌抚触

Play

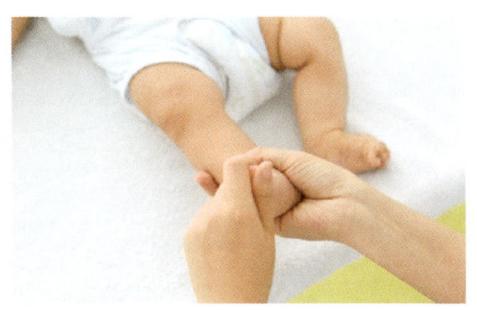

双手拇指放在宝宝脚掌上，用大拇指指腹轻揉脚底，从脚跟抚摩到脚尖，并依次提捏宝宝脚趾。重复3~5次。

> **爱心·小·贴士**
>
> 脚底被喻为"人的第二心脏"，按摩脚底可以提高各脏器的功能，加快新陈代谢，促进大脑的发育。
>
> 抚触时可以这样念："妈妈给你揉揉脚，宝宝健康身体好。"

背部抚触

Play

（1）双手大拇指平放在宝宝脊椎两侧，其余四指扶住宝宝身体，拇指指腹分别由中央向两侧轻轻抚摸，从肩部移至尾椎。重复3~5次。（图1、2）

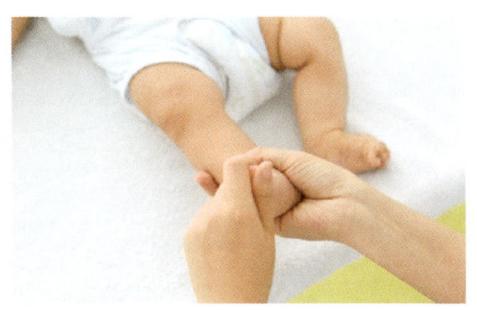

图1

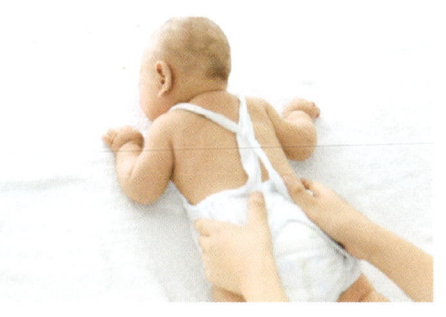

图2

34

（2）双手横放在宝宝背部，五指并拢，手背稍微拱起，力度均匀地交替从宝宝颈部抚至臀部。重复3~5次。（图3）

图3

背部抚触可以舒缓背部肌肉，促进宝宝脊柱伸展。

抚触时可以这样念："妈妈给你拍拍背，宝宝背直不怕累。"

宝宝抚触必备知识

抚触前的准备	*选择安静、清洁的房间，保持室内适宜的温度（25℃左右） *放一些柔和的背景音乐 *采用舒适的体位 *在抚触前准备好毛巾、尿布、替换的衣物，先倒一些婴儿润肤油在掌心，并相互揉搓使双手温暖
抚触的注意事项	*抚触时宝宝不宜太饱或太饿，最好在宝宝沐浴后进行 *对新生儿每次抚触15分钟即可，一般每天进行三次 *开始时要轻轻抚触，逐渐增加压力，好让宝宝慢慢适应 *手法轻柔，脐痂未脱者不能进行腹部按摩 *不要强迫宝宝保持固定姿势，如果宝宝哭了，先设法让他安静，然后才可继续。如果宝宝哭得很厉害应停止抚触 *不要让宝宝的眼睛接触润肤油
抚触方法	*先从宝宝的头抚摩到躯体，然后从躯体向外抚摩到四肢 *肢体按摩，可先从宝宝的左侧开始
抚触顺序	传统法：头部→面部→胸部→腹部→上肢→下肢→背部 改良法：背部→头部→面部→胸部→腹部→上肢→下肢

四、宝宝的被动操
（0~6个月）

　　在宝宝刚出生还没有多少活动能力的时候，智力的发展十分依赖爸爸妈妈的爱心和努力。新生宝宝运动、表达、思维、自理等能力都需要爸爸妈妈帮助锻炼。本套宝宝被动体操是婴儿体格锻炼的重要方式，能促进婴儿的大动作发育。通过做操，可以增强宝宝骨骼和肌肉的发育，促进新陈代谢；安定情绪，改善睡眠；增进亲子感情，促进智力发育；增强免疫力，预防疾病。本套被动操适合0~6个月大的婴儿在爸爸妈妈的帮助下完成。

　　做操前先抱抱宝宝、亲亲宝宝，向宝宝表达充满爱意的情感，告诉宝宝要做操了。做操时爸爸妈妈要多与宝宝进行交流，包括说话和微笑，并随时注意宝宝的表情反应，不要强求宝宝。要始终记得，做操的整个过程是爱的传递，只有让宝宝感觉到爱，他才会有足够的安全感，所以爸爸妈妈一定要保持愉快的心情，最好再播放一些轻松活泼的背景音乐。

准备活动

Ready

让宝宝自然放松仰卧。

（1）妈妈手成环形，从宝宝手腕向上按摩4次至肩部。（图1）

（2）从足踝按摩4次至大腿部。（图2）

（3）从胸部按摩4次至腹部。（图3）

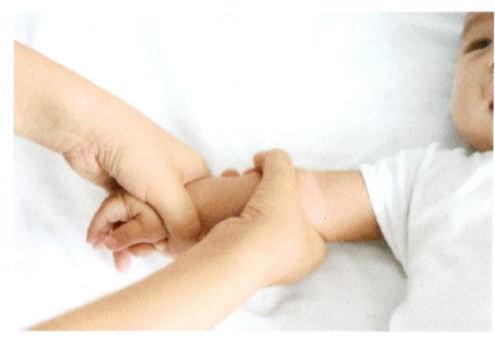

图1

图2

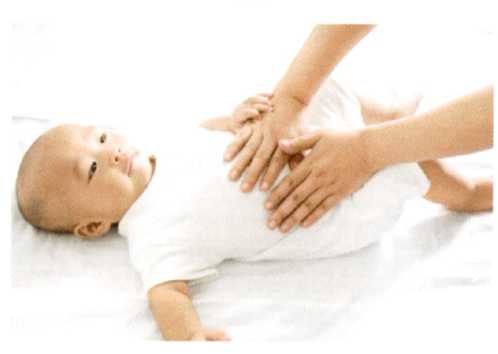

图3

爱心·小·贴士

　　此活动可消除宝宝肌肉、关节的僵硬状态，适应宝宝机体活动的需要，避免外伤。可以配合语言："宝宝，全身放放松，现在开始做操了"。

扩胸运动

Ready

　　两手握住宝宝的腕部，让宝宝握住妈妈的大拇指，两臂放于身体两侧。

图1

Play

（1）将宝宝的手臂分别向两侧平展与身体呈90度，掌心向上。（图1）

（2）让宝宝的两臂在胸前交叉，重复3～5次。（图2）

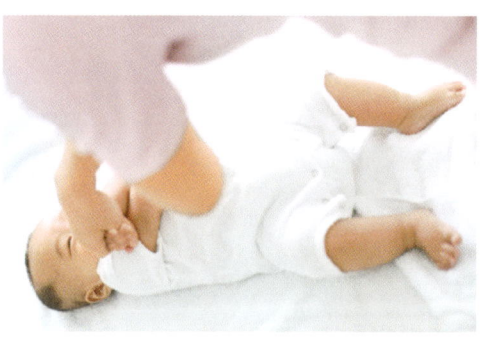

图2

爱心·小·贴士

　　将宝宝两臂展开时可帮助宝宝稍稍用力，两臂向胸前交叉，动作要轻柔。

我们都是爱运动的小宝宝。

38

伸屈肘关节运动

Ready

两手握住宝宝的腕部，让宝宝握住妈妈的大拇指，两臂放于身体两侧。

Play

（1）将宝宝左臂肘关节弯屈，然后伸直还原。（图1）

（2）右臂做同样的屈伸肘关节练习，两边交替进行。重复3～5次。（图2）

爱心·小·贴士

屈肘关节时要抵住宝宝的肩膀，伸直时不要太过用力。

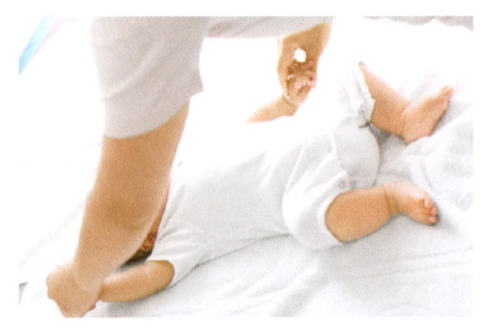

图1

图2

肩关节运动

Ready

两手握住宝宝的腕部，让宝宝握住妈妈的大拇指，两臂放于身体两侧。

Play

（1）将宝宝的左臂弯曲贴近身体，以肩关节为中心，由内向外做回环动作。重复3～5次。（图1）

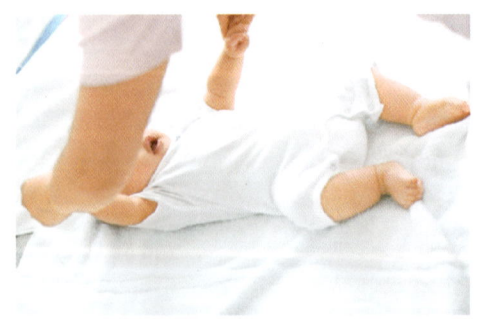

图1

（2）左手还原后，右手做同样的动作，重复3～5次。（图2）

图2

爱心·小·贴士

做这组动作时动作必须轻柔，不要用力过大，也不能勉强宝宝，以免损伤关节及韧带。

伸展上肢运动

Ready

两手握住宝宝的腕部，让宝宝握住妈妈的大拇指，两臂放于身体两侧。

图1

Play

（1）将宝宝的两臂向外平展，掌心向上。（图1）

（2）将两臂上举，掌心向内。（图2）

（3）将宝宝手臂还原。重复2～5次。

爱心·小·贴士

两臂上举时两臂与肩同宽，注意动作要轻柔。

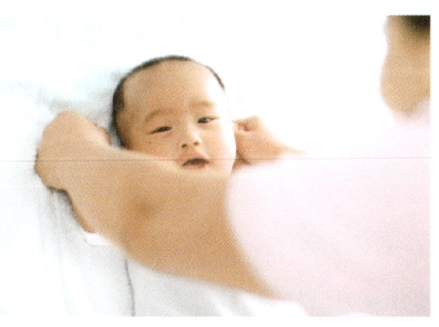

图2

下肢屈伸运动

Ready

让宝宝仰卧，两腿伸直。妈妈两手握宝宝的脚，注意不要握得太紧。

Play

将宝宝的两腿同时弯屈至腹部，然后还原，重复3～5次。

> **爱心·小·贴士**
>
> 宝宝的腿屈至腹部时，妈妈稍稍帮助宝宝用力，伸直时则不能太用力。

两腿轮流屈伸运动

Ready

宝宝仰卧，妈妈两手分别握住宝宝的小腿。

Play

（1）弯曲宝宝左膝关节，让膝盖贴近腹部，再慢慢伸直左腿。（图1）
（2）屈伸右膝关节，左右轮流，模仿蹬车动作。重复3～5次。（图2）

> **爱心·小·贴士**
>
> 屈膝时妈妈稍稍帮宝宝用力，伸直时动作要柔和。

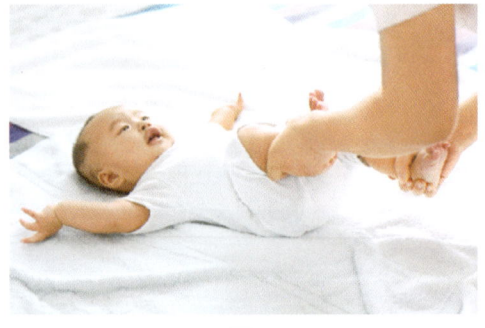

图1

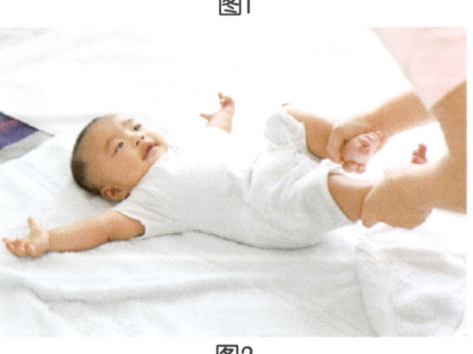

图2

下肢伸直上举运动

Ready

宝宝两腿伸直平放，妈妈握住宝宝的腿。

Play

将宝宝两腿伸直上举，然后慢慢还原。重复3～5次。（图1、2）

爱心小贴士

动作要轻缓，宝宝两腿伸直上举时臀部尽量不要离开台面。

图1

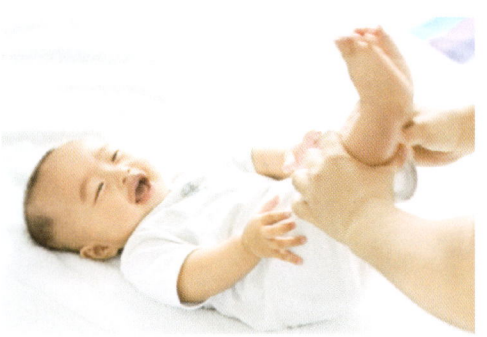

图2

看，宝宝多开心呀！

 髋关节运动

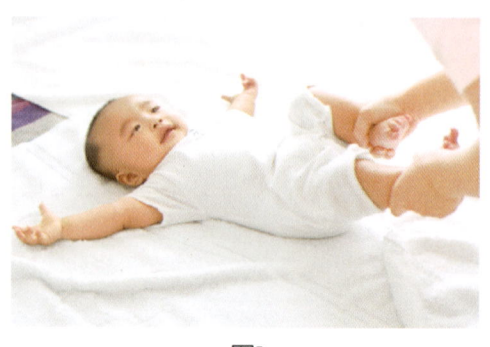

图1

Ready

宝宝仰卧，两腿伸直，妈妈两手握住宝宝脚踝，注意不要握得太紧。

Play

（1）把宝宝左侧的大腿与小腿屈缩成直角，并屈缩至腰部。（图1）

（2）将宝宝左腿向身体右侧转动。两腿交替做。各重复3～5次。（图2）

图2

 爱心·小·贴士

转动宝宝双腿的时候，应以婴儿的髋关节为轴轻轻转动。动作要柔和，不要太用力。

注意事项

适宜的室温：25℃左右，天气炎热要注意通风，保持室内空气新鲜。

安全的平台：床上或铺有毛毯、毛巾的地板上。

舒适的穿着：宝宝最好裸体或穿一条纸尿裤，也可以穿宽松轻便的单衣。可以让宝宝手里拿一个他喜爱的玩具。

合适的时间：宝宝睡醒后或餐后1小时，也可以在大小便之后进行，每日1～2次，每次15分钟左右。

Positive Exercises

五、宝宝的主被动操
（7～12个月）

宝宝的主被动操是在爸爸妈妈的适当扶持下，加入婴儿的部分主动动作完成的。婴儿主被动操适用于7个月以上至1岁多的婴儿。这个时期的宝宝，已经有了初步的自主活动能力，能自由转动头部、自己翻身、独坐片刻、下肢已能负重。婴儿每天进行主被动操的训练，可活动全身的肌肉关节，为以后的爬行、站立和行走打下基础。

注意事项

- 室温25℃左右，天气炎热要注意通风，保持室内空气新鲜。
- 每天可做1～2次，做时少穿些衣服，注意不要操之过急，要循序渐进。
- 爸爸妈妈的动作要轻柔而有节奏，不妨放些轻柔的音乐。

准备活动

同被动操。（图1、2、3）

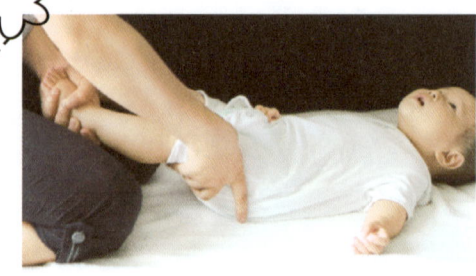

图2

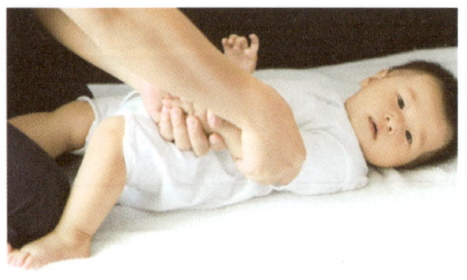

图1

图3

起坐运动

Ready

宝宝仰卧，妈妈握住宝宝双手手腕，拇指放在宝宝手心里，让宝宝握拳，双臂放在身体两侧。

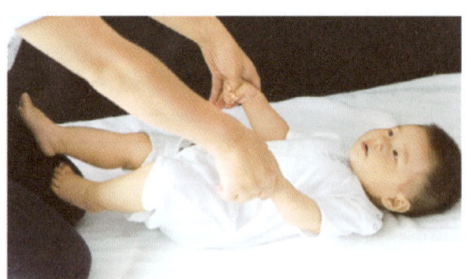

图1

Play

（1）将宝宝双臂拉向胸前，轻轻地把宝宝从仰卧位拉起。不要过于用力，让宝宝自己用劲坐起来。（图1、2）

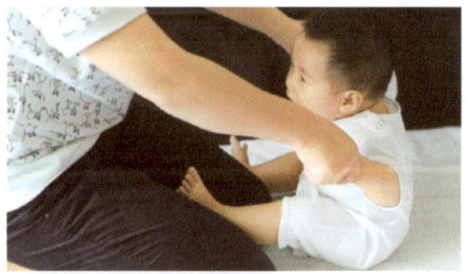

图2

（2）慢慢地还原，让宝宝回复原位。重复3～5次。（图3）

这个练习可以帮助宝宝学习坐立。拉宝宝起坐时，如果宝宝不配合就不要勉强。

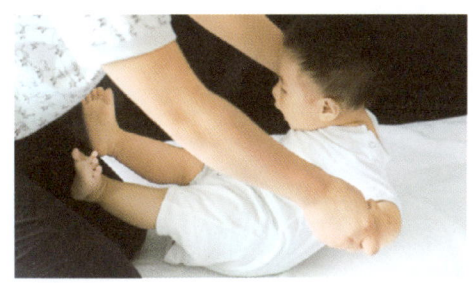

图3

起立运动

Ready

宝宝俯卧，妈妈双手托住宝宝的肘部。（图1）

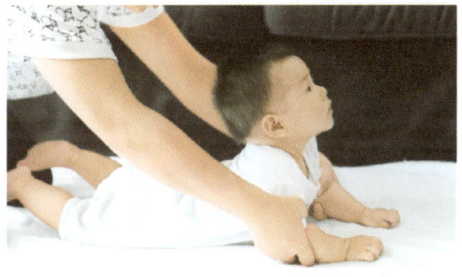

图1

Play

（1）用手牵引宝宝跪直。（图2）

（2）慢慢拉宝宝站起来。（图3）

（3）让宝宝慢慢恢复俯卧姿态。重复3～5次。

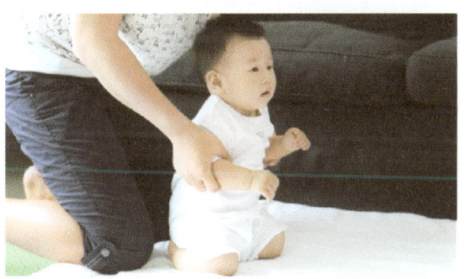

图2

这个练习有助于宝宝学习站立，扶宝宝站立时要让宝宝慢慢学会自己用力。

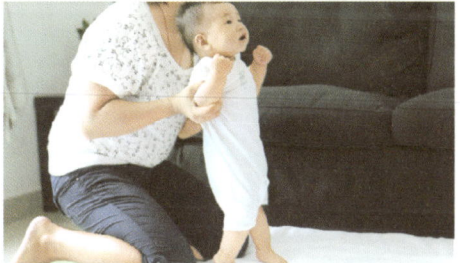

图3

提脚运动

Ready

宝宝俯卧，两手趴在胸前，手肘支撑身体。

Play

（1）妈妈双手握住宝宝脚踝，轻轻抬起宝宝双腿，与地面呈30度。（图1）

（2）将宝宝的双腿轻轻放下还原。重复3~5次。（图2）

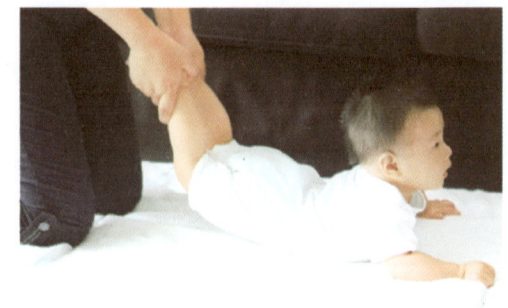

图1

爱心·小·贴士

这个练习可以锻炼宝宝下肢肌肉，帮助宝宝学习爬行，还能促进站和走动作的发展。注意动作要轻柔缓和。

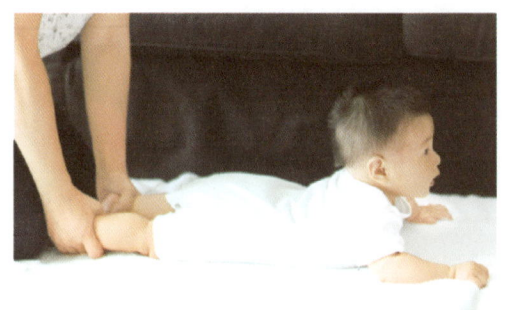

图2

妈妈的动作一定要温柔一点哦！

弯腰运动

Ready

宝宝背对着妈妈，妈妈扶着宝宝的双膝和腹部，在宝宝前方放一个玩具。（图1）

Play

（1）让宝宝弯腰前倾，捡起地上玩具。（图2）

（2）让宝宝直立还原，重复3～5次。（图3）

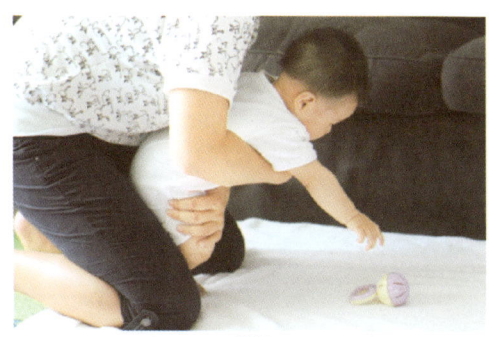

图1

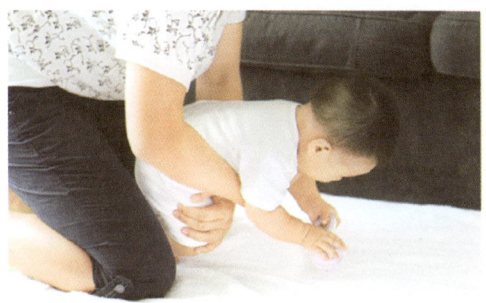

图2

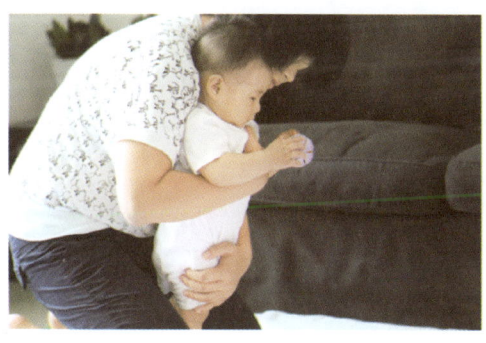

图3

爱心小贴士

　　这个练习可以活动宝宝腰背部肌肉及腰椎，促进宝宝注意、观察力及手眼协调能力。因此应尽量让宝宝自己完成，如果不能，妈妈再腾出一只手帮助宝宝完成。

托腰运动

Ready

宝宝仰卧，妈妈一只手托住宝宝腰部，另一只手握住宝宝的脚踝。

Play

（1）仰卧位托起宝宝腰部，使宝宝腹部挺起，成桥形（头脚不要离开台面），并鼓励宝宝自己用力。

（2）慢慢放下宝宝的腰部，还原。重复3~5次。

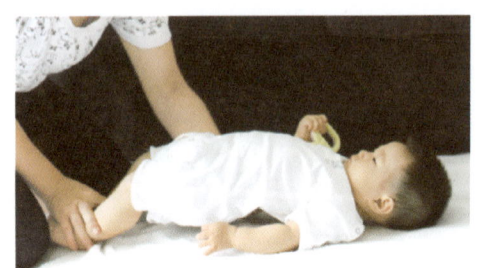

爱心·小·贴士

这个动作可以灵活宝宝腰部的腰肌、腹肌及脊柱，为爬、站打下基础，还可以防止宝宝腰部受伤。注意动作要缓和，在挺腹时可稍用力。

游泳运动

Ready

让宝宝俯卧，妈妈双手托住宝宝胸腹部。

Play

抱起宝宝，悬空向左右做来回摇摆动作，鼓励宝宝活动四肢，做游泳动作。重复3~5次。（图1、2）

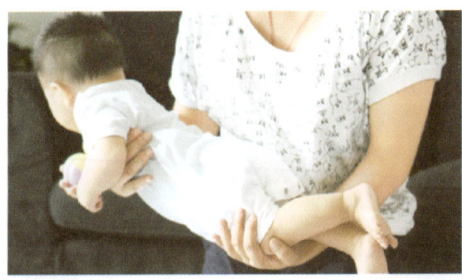

图1

图2

这个动作可以让宝宝四肢灵活，为宝宝以后的运动打下良好基础。俯卧时将宝宝的手臂自然放在胸前，使宝宝处于撑胸抬头姿势。

扶走运动

 Ready

让宝宝仰卧，妈妈双手分别握住宝宝两上臂。

Play

（1）将宝宝轻轻拉成坐位。（图1）

（2）将宝宝拉成站位。（图2）

（3）拉宝宝向前走。重复3～5次。（图3）

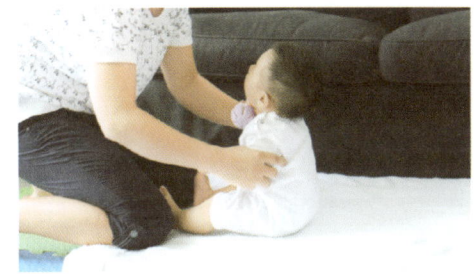

图1

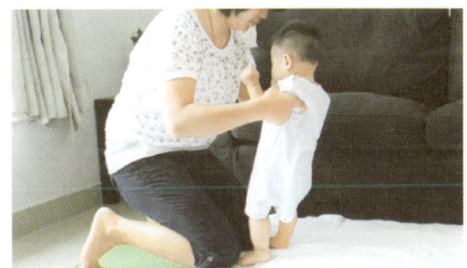

图2

做扶走运动是为了锻炼宝宝下肢肌肉，促进其站和走动作的发展。

图3

跳跃运动

 **Ready**

宝宝与妈妈面对面。

Play

(1) 妈妈的双手扶住宝宝两臂。(图1)

（2）妈妈双手提起宝宝，使宝宝的脚离开地面，做跳跃运动，落下时宝宝的前脚掌最好接触地面。重复3～5次。（图2）

图1

图2

 爱心·小贴士

　　大部分宝宝很喜欢这个动作，它可以促进宝宝腿部发育，增进妈妈与宝宝的感情，培养积极向上的良好情绪。注意动作要轻快自然。

Kid's Yoga

六、小不点瑜伽

瑜伽一般在宝宝接受按摩后肌肉完全放松、心情愉快的情况下做，能达到全身运动的效果。宝宝洗澡后做瑜伽，不仅能让宝宝体验到游戏的快乐，还能为宝宝塑造出修长的腿部，增强脊椎的坚韧度。

图1

莲花座

Ready

宝宝仰卧在床上或放有垫子的地板上。（图1）

Play

（1）轻轻握住宝宝左腿小腿，将左腿向内弯曲搭在右腿膝盖上。（图2）

图2

（2）换右脚搭在左腿膝盖。各重复3～5次。（图3）

图3

这个动作可以刺激宝宝的膝盖和髋关节，帮助宝宝快速成长。此外，它还能有效按摩肠胃和肾脏，促进宝宝消化吸收。注意做动作时要轻缓柔和，不要扭伤宝宝的脚踝。

蹬自行车

Ready

宝宝仰卧在床上或放有垫子的地板上。（图1）

图1

Play

（1）妈妈张开双手，用手心贴着宝宝的脚掌。（图2）

（2）妈妈两手轮流将宝宝的腿轻轻推向宝宝的胸部。左右交替，各重复3～5次。（图3、4）

图2

这个动作可活动宝宝的膝盖
与髋关节，强化腿部的肌肉。先
让宝宝习惯动作后，再鼓励宝宝
自己动动脚。

图3

图4

蝴蝶飞

 Ready

宝宝仰卧在床上或放有垫子的地板上。

Play

（1）双手轻轻握住宝宝的小腿。
（2）弯曲宝宝双腿膝盖，将双腿并拢后向
腹部轻轻按压。重复3～5次。

这个动作既可以让宝宝的髋关节和膝盖更加坚固，还能让宝宝的
腿更为修长。注意动作一定要轻柔。

倒挂金钟

Ready

　　妈妈双腿伸直坐在地上，宝宝头朝前俯卧在妈妈腿上，小手放在两侧的地板上。

（1）妈妈握住宝宝的脚踝或小腿。（图1）

（2）妈妈慢慢弯曲膝盖，让宝宝的头在下方，臀部在上方。重复3次，每次数5下。（图2、3）

爱心·小贴士

　　这个动作可帮助宝宝前庭觉的发展。第一次做时，宝宝可能会受到惊吓，妈妈可将手放在宝宝胸口，安抚宝宝，记得做时多跟宝宝说话，以培养亲子感情的交流。注意不要让宝宝的头部受力，在宝宝刚吃完奶半小时内和鼻塞时不能做。7个月以上的宝宝才可以做哦！

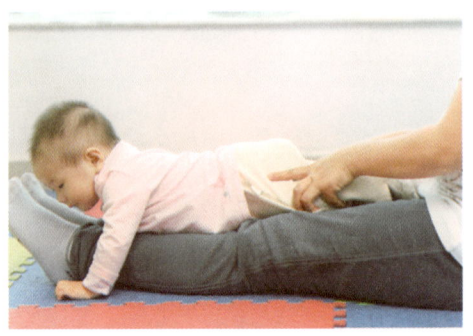

图1

图2

图3

小眼镜蛇

Ready

让宝宝趴在床上或放有垫子的地板上。
（图1）

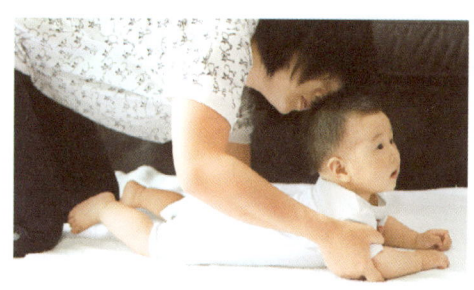

图1

Play

（1）妈妈将两手穿过宝宝腋下。

（2）将宝宝身体和肩膀撑起，让宝宝保持腹部以下着地。（图2）

（3）将宝宝轻轻放回地面。每次数5下，重复3～5次。（图3）

爱心·小·贴士

这个动作可以锻炼宝宝腹背的肌肉。前几次练习时，要多跟宝宝说话或微笑，可以减少宝宝的不安。

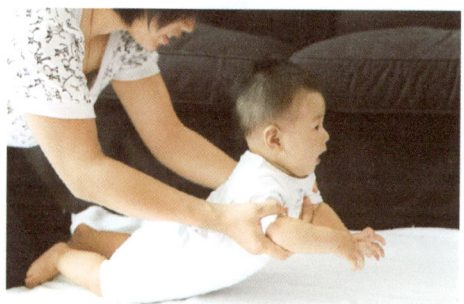

图2

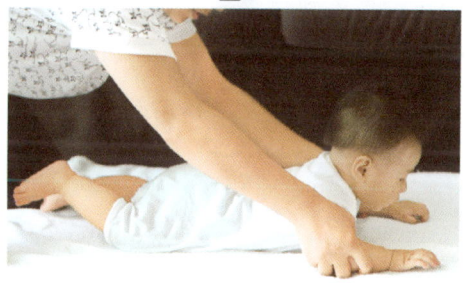

图3

0～3岁宝宝也能学瑜伽

3岁以下的婴幼儿可开始从游戏中学瑜伽，但是需在爸爸妈妈的协助下才可进行。建议爸爸妈妈以游戏的方式协助婴幼儿伸展身体、动动小关节。3岁以下的婴幼儿需建立肌肉的强壮性，学习瑜伽可让他们的关节展开，从而让肌肉变得有力气。肌肉有了力气才能让动作更完善，宝宝身体的发展才会更全面。

七、宝宝爱做的健身游戏

健身游戏可以让宝宝在游戏中健身，同时也能促进其平衡能力、肢体力量、协调性等体智发育，爸爸妈妈都应该好好学习一下哦！

寻找平衡感

Play

妈妈平躺在放有垫子的地板上，两手托住宝宝腋下，让宝宝平衡地站在妈妈的腹部上。

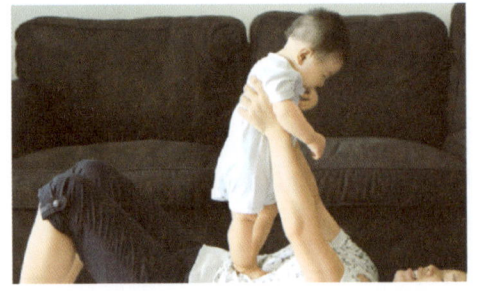

爱心·小·贴士

在玩坐飞机游戏之前做，可以减轻宝宝的害怕情绪。

坐飞机

Ready

妈妈坐在放有垫子的地上，弯曲双膝。双手托住宝宝腋下，让宝宝趴在妈妈小腿上保持平衡。（图1）

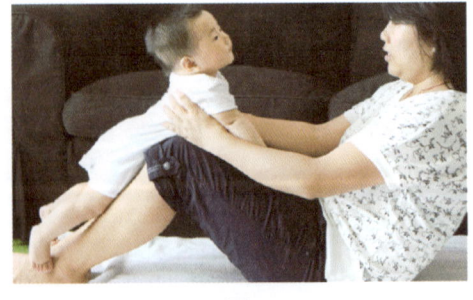

图1

Play

（1）妈妈慢慢向后躺下，但腿部的角度维持不变，让宝宝的身体慢慢上升。（图2、3）

（2）妈妈利用小腿的力量，双手撑住宝宝的腋下，让宝宝像一架小飞机那样趴在妈妈的小腿上，上下摆动宝宝。（图4、5）

（3）动作结束后，将宝宝往自己脸部的方向拉，让宝宝趴在自己的胸口，作为降落。（图6）

图3

图4

图5

图6

爱心·小·贴士

这个游戏可以促进宝宝平衡能力的发展，同时能让宝宝高兴，增进亲子感情。

图2

荡飞船

Ready

准备一条小毛毯放在垫子上，让宝宝仰卧在毛毯上。

Play

（1）爸爸妈妈在垫子边拉住毛毯四角，轻轻抬起毛毯，距床面高30～40厘米。（图1）

（2）爸爸妈妈来回轻轻"荡飞船"，同时也可以轻声哼歌谣给宝宝听。每天1次，每次2～3分钟。（图2）

图1

图2

这个游戏可以发展宝宝的平衡能力，让宝宝学会控制自己的身体，锻炼其勇敢精神。注意动作不要幅度太大，以免伤到宝宝。也可以把宝宝抱在怀里，随着音乐左右来回晃动，幅度由小变大。

真是勇敢的小宝贝！

蹦蹦跳跳

图1

Ready

妈妈从后面用双手托住宝宝的腋下，将宝宝直立抱起。

Play

（1）撑住宝宝，让宝宝的双脚蹬踏在妈妈的大腿上。（图1）

（2）将宝宝举起放下，同时振动双腿，让宝宝的身体也随之上下振动。（图2）

爱心·小·贴士

这个游戏可以锻炼宝宝下肢的力量以及平衡能力和协调性。妈妈要注意及时修剪指甲，以免指甲掐伤宝宝。

图2

骑马操

Ready

妈妈坐在垫子上，双手从后面托住宝宝腋下。

Play

（1）让宝宝背靠着妈妈的胸口，面朝前坐在妈妈身上。将宝宝的双腿分开，骑在妈妈的双腿上。（图1）

（2）轻轻将宝宝左右摇晃：向左边倒一下，再向右倒一下。左右各10次。（图2、3）

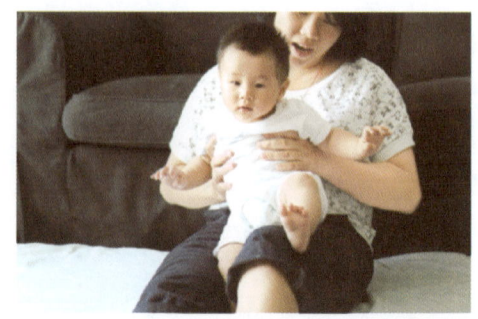

图1

图2

爱心·小贴士

这个游戏可以锻炼宝宝的节奏感和平衡感。注意在游戏时，妈妈要多跟宝宝说话逗乐，以免使宝宝觉得枯燥。

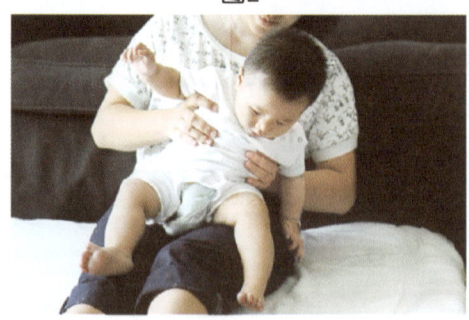

图3

踢球

准备一个彩色气球拴在宝宝脚上或把一些可爱的玩具挂在宝宝床头。

Play

让宝宝仰卧在床上，摇晃气球或玩具，引起宝宝注意。逗引宝宝用脚来蹬踢玩具。可让气球忽高忽低，忽左忽右，促使宝宝追着蹬气球（图1、2）。

图1   图2

 爱心小·贴士

这个游戏可以锻炼宝宝的手眼协调能力，激发宝宝的灵敏反应，促进其脚蹬力量，背肌、腹肌肌力和躯体及四肢的协调性和动作的准确性，激发孩子的积极情绪。如果宝宝蹬到玩具，妈妈要给宝宝一定的奖励。

根据宝宝情绪选择游戏的种类

在宝宝睡好、吃好和情绪饱满的状态下，应选择比较激烈、活动量大的游戏，如翻身、捉迷藏、跑、跳等游戏；在宝宝疲倦困乏、身体不适或情绪不佳的状态下，最好选择一些安静而平和的游戏，如歌谣、拍手游戏等。

好奇宝宝的探索旅程开始啦！

　　当你看到宝宝试图在某个支撑物帮助下开始迈步的时候，这意味着宝宝的探索开始了。像小熊一样的宝宝，从一个支点开始，笨拙地一步一步向前挪，每挪动一步，眼里的光彩似乎就会多一分。人生的第一步非常重要，所以当宝宝开始学步时，爸爸妈妈在一旁的保护、鼓励和帮助必不可少。

　　1岁多的宝宝学会走路后，对周围事物的好奇心也在不断增强。运动不仅是孩子满足探索欲望和好奇心的需要，也是他们发展自己的感觉器官和各种能力的重要途径。

Part 3
第三章

勇敢迈出
第一步
（1～2岁）

Stride Your First Step!

(1~2 Year-Old)

Capacity of Daily Activity of 1~2 Year-Old Babies

一、1～2岁宝宝的基本运动能力

1～2岁宝宝运动技能指标

可以向前迈一两步，扶住别的物体走	12～14个月		能够自己站起来，但不能独立坐下去	13～15个月
能以不均匀的步伐走十来步	13～16个月		不用扶持也能由站着改为坐下	13～16个月
能够蹲站自如	16～17个月		走路能保持平衡，很少会跌倒	16～18个月
能笨拙地小跑但不稳	16～18个月		能爬上椅子（沙发）	16～18个月

能拿小件东西	16~18个月	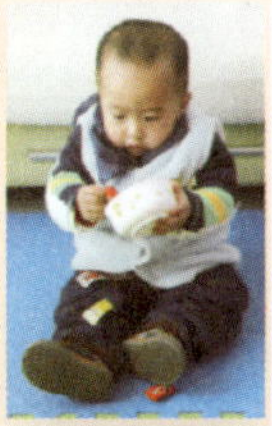 能扶着东西过障碍	19~20个月 
能扶着栏杆（或被牵着）登上台阶	19~23个月	 能抛掷较大的气球或皮球	19~23个月 
跑步基本不会跌倒	22~23个月	 弯腰拾起东西后，能够维持平衡、不跌倒	23~24个月 
能双手扶栏杆上楼、下楼	21~24个月	可以在大人扶双手的情况下双脚跳跃	23~24个月 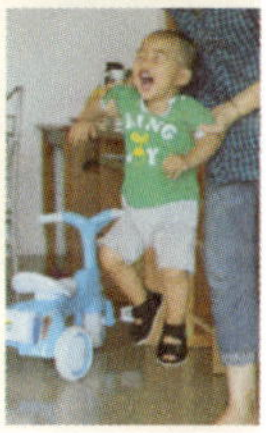

宝宝学步

10~15个月

宝宝到10个月左右，已能扶着床栏横步走了。这是宝宝学走的开始，但从扶走到独自走还需要一个较长的过程。在这个过程中，爸爸妈妈无疑要起到辅助作用。同时，爸爸妈妈还要学习一些宝宝动作发展方面的知识，以做到科学合理地辅助孩子学走路。一般来说，宝宝走的动作发展可分为五个阶段。

第一阶段：扶走练习

10～11个月

这是宝宝开始学习行走的第一阶段。当宝宝扶站已经很稳了，甚至还能单独站一会儿了，这时就可以开始练习走路了。

Ready

宝宝站立，妈妈站在宝宝背后。

Play

（1）双手扶宝宝腋下，让宝宝站稳。（图1）

（2）臂或手腕用力使宝宝左右腿轮流向前跨出，学开步行走。重复3～5次。（图2、3）

图1　　　　　　　　　图2　　　　　　　　　图3

练习时场地要清洁平坦，让宝宝站稳后再鼓励他开步学走。可利用学步用的推车或是学步车，协助宝宝忘记走路的恐惧感学习行走。

第二阶段：蹲站练习

12个月

蹲是本阶段重要的发展过程，爸爸妈妈应注重宝宝站一蹲一站连贯动作的训练，这样做可增进宝宝腿部的肌力，并可以训练身体的协调度。

Ready

准备一些小玩具和一个装玩具的小筐。

Play

（1）在地板上散落一些玩具，不远处放一个小筐。妈妈拉住宝宝的双手，和宝宝一起蹲下来捡玩具，然后放进小筐里。

图1

（2）熟练后，妈妈训练宝宝按照妈妈的语言指示自己去捡玩具，反复练习。玩的次数以孩子的体力和兴趣为出发点。（图1、2、3）

图2

爱心·小贴士

1岁左右的宝宝刚刚学会走路，用蹲站的方式可以帮助宝宝练习下肢和关节的力量，配合妈妈的说话又可以让宝宝学着听懂妈妈的语言。注意宝宝站起来的时候，妈妈要给宝宝一个辅助的力量。

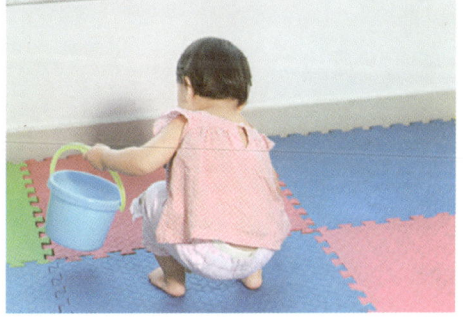
图3

第三阶段：平衡训练

12个月以上

此时宝宝扶着东西能够行走，接下来必须让宝宝学习放开手也能走2~3步，本阶段需要加强宝宝的平衡能力训练。

**Ready**

选择一个比较平坦的场地，给宝宝穿上轻便的衣服和鞋子。

Play

（1）妈妈带着宝宝在一边，爸爸拿着玩具在另一边。（图1）

（2）爸爸摇一摇玩具，呼唤宝宝，让宝宝自己慢慢地走过去拿玩具。（图2、3）

（3）当宝宝走到爸爸面前时，爸爸要给宝宝鼓励，亲一亲宝宝。反复3~5次。（图4）

爱心·小·贴士

这个练习会帮助宝宝学会在走路时保持平衡，宝宝走路会越来越稳当。注意爸爸妈妈之间的距离由短到长，宝宝来回走路时要有人在后面保护。

图1

图2

图3

图4

第四阶段：爬楼梯练习

13个月左右

本阶段除了继续训练腿部的肌力以及身体与眼睛的协调度之外，也要着重训练宝宝对不同地面的适应能力。

Ready

准备一些宝宝喜欢的玩具放在台阶或楼梯上。

Play

爸爸妈妈把宝宝喜欢的玩具放在楼梯的第四、五层台阶上，以此引导宝宝爬楼梯拿玩具。

> **爱心小贴士**
>
> 这个游戏能增强宝宝腿部的力量，为今后独立行走打好基础，但应注意每次练习的时间不宜过长。同时还可以发展宝宝的眼、手、脚的协调能力和大运动技巧，建立宝宝的自信心和独立性。

第五阶段：上下坡练习

13～15个月

本阶段宝宝已经能良好行走，对四周事物的探索逐渐增强，爸爸妈妈应该在此时满足他的好奇心，使宝宝朝正向发展。

Ready

利用木板放置成一边高、一边低的斜坡，但倾斜度不要太大。也可以在外出散步的时候找一处稍微倾斜的坡。

妈妈牵着宝宝从高处走向低处，或由低处走向高处。

爱心·小·贴士

宝宝熟练后，妈妈可以让宝宝自己学着上下坡，妈妈在一旁看护，防止宝宝摔跤。

宝宝学跑

13~18个月

当宝宝行走加快时，就开始学跑了。13~18个月是宝宝学跑的最佳时期，开始时他还跑不稳，不会自动停下来。2岁时，他就可以连续平衡地跑5~6米了。跑使宝宝的运动速度有所提高，能够进一步参与到年龄较大的宝宝中玩耍；跑可以增强宝宝四肢肌肉及腰腹肌肉的力量，提高爆发力；跑促进宝宝的空间智能进一步发展；刺激宝宝的前庭平衡，促进感觉综合功能发展和平衡能力的提高。跑也是宝宝智能发展的标志之一。让宝宝学跑时可以分成以下几个小步骤：

第一阶段：牵手跑

妈妈与宝宝面对面，牵着他的两只手，妈妈向后慢慢退着跑；然后牵着宝宝的一只手退着跑；最后妈妈从侧面牵着宝宝的一只手，用一只皮球向前滚，妈妈和宝宝一起追皮球。

爱心·小·贴士

练跑时不要用力握宝宝的手，而应尽量让他自己掌握平衡，以防用力不均使宝宝前臂关节脱臼。

第二阶段：放手跑

宝宝向前跑时，妈妈在宝宝前方半米远退着慢跑，以防他头重脚轻前倾时摔倒。

第三阶段：自动停稳跑

在宝宝跑时用口令"一、二、三、停"，使他学会渐渐将身体伸直、步子放慢而平稳地停下来。

 **爱心·小·贴士**

宝宝跑时能自动放慢脚步平稳地停下来，才算学会了跑。

 ## 宝宝学跑注意事项

- 宝宝起初尝试跑时不要因为怕他摔倒而制止他，应该多给予鼓励。
- 给宝宝穿合脚舒适的鞋和轻便透气的服装。
- 平坦的地方并不一定是宝宝学跑的最佳选择，一些自然坡度和不十分平坦的小草坡也是增强宝宝感觉系统及奔跑运动发展的好环境。
- 宝宝练习跑时，要注意地面防滑，周围要无尖锐物。
- 冬天在户外活动时，要为宝宝穿大小合适的外衣，以免影响宝宝运动。
- 可以利用风车或拖拉玩具等来增强宝宝跑的趣味性。

动手能力培养

　　自从宝宝出生，有关他们的一切事务就由爸爸妈妈负责了。不过，当宝宝1岁以后，你是否发现他们有了自己动手的潜力？没错，美国明尼苏达州立大学的欧文哈里斯婴幼儿发展培训中心的副主任艾米指出，孩子在1岁后就已开始掌握较多的基本技能。此时，爸爸妈妈不要再事事代劳，而应根据宝宝的成长状况，适时培养他们的动手能力，这也是锻炼宝宝自立的好时机。

自己学吃饭

 12～15个月

　　此时宝宝活动的灵活性及手眼协调能力都有所增强，自己可以握住杯子、勺或叉。

Play

　　从宝宝12个月开始，每次就餐时给宝宝一个小勺、一份浓稠的饮品，如酸奶或者大米粥，以锻炼他驾驭餐具的能力。

爱心·小贴士

　　这个阶段开始教宝宝用杯子喝牛奶，也是培养宝宝使用杯子的好机会。

自己学洗澡

**15~18个月**

此时，宝宝可以自己将洗澡泡泡涂在身上了，有能力协调身体的各个部位。

Play

给宝宝提供毛巾、沐浴露和冲洗用具。让宝宝试着在身上涂沐浴露，搓擦自己的身体，然后再由妈妈进行最后的全身冲洗。

> **爱心·小·贴士**
>
> 如果宝宝每晚都洗澡，每周可以选择一两天作为宝宝的独立洗澡日(妈妈要陪在宝宝身边)。

自己整理玩具

**15~18个月**

将装玩具的盒子或袋子摆放在宝宝房间，让宝宝整理起来更容易，再给玩具做个标签或图片，以便更好地帮助宝宝归类摆放。

Play

刚开始时，教宝宝收纳玩具，只要宝宝把所有玩具放到一个地方就可以了。等宝宝学会时，再教宝宝将玩具分类，每天养成习惯，在一个特定的时间进行整理，如晚饭前或晚饭后。当宝宝完成任务时，妈妈要及时奖励。

> **爱心·小·贴士**
>
> 整理玩具可以帮助宝宝完成一些简单的指令，也能锻炼宝宝的动手能力。

帮助妈妈

15～18个月

Play

妈妈每天给宝宝指定一些小任务，如给他干净的抹布擦小桌子或椅子腿,让宝宝拿来铺桌子的桌布或餐纸巾，将脏衣物放入洗衣篮，协助你整理、折叠干净的小毛巾等。

不要在意宝宝是否真正圆满完成了你交代的任务，重要的是，让他能习惯甚至乐于帮助你完成家务。

自己学脱衣

15～24个月

此时，宝宝能够控制自己两臂、双手和两腿的活动。尽量给宝宝穿无纽扣、拉链、按扣和无系带的衣服，这样，即使宝宝自己脱衣也不至于带来危险或麻烦。

Play

宝宝把套头衣服的袖子从胳膊上拽下来时，妈妈应该协助宝宝将衣服从头部脱下；当宝宝试图把裤子的前面拽下来时，妈妈应该教宝宝如何将裤子的后面也脱下，以及如何摆脱脚的阻碍。

宝宝不是天生就会穿衣或脱衣，而是要经过观察、学习和接受指导。到15～24个月时，宝宝通常会试图自己穿衣，此时，妈妈可告诉宝宝扣子的作用，以及穿衣的技巧。

自己学洗手

18~24个月

 **Ready**

为方便宝宝自己洗手，在水槽边准备一个小凳子，把香皂和毛巾放在宝宝伸手可及的地方。

Play

给宝宝捋起袖子，教宝宝沾湿双手。沾湿双手后教宝宝打肥皂（或用洗手液）、冲水和擦干。

> **爱心·小贴士**
>
> 专家指出，洗手时间应该为30秒，这样才能彻底杀灭细菌。为了让宝宝耐心洗完，可以给宝宝唱儿歌。

自己学刷牙

18~24个月

 **Ready**

在水槽附近给宝宝准备小凳子和婴儿牙刷。

我爱刷牙，不要虫虫！

Play

挤少量牙膏到牙刷上。用稍微夸张的动作为宝宝比划自己如何刷牙。

> **爱心·小贴士**
>
> 自己刷牙可以帮助宝宝掌握手臂平衡，锻炼手臂力量。但每次宝宝刷完后，妈妈要再帮宝宝彻底刷一次。

二、宝宝的小脚丫按摩

所有人体内的器官在脚上都有它特定的相关反射点，因此通过温柔的脚底按摩，能有效舒缓宝宝身体上的不适感。

腿部按摩

Play

（1）双手轮流轻轻沿宝宝左腿向下抚摩，然后手轻柔、平稳地滑回大腿部。（图1）

（2）从宝宝的腿部向下捏到脚。可用两只手同时捏，也可用一只手握住宝宝的脚后跟，另一只手沿腿部向下捏压、滑动。（图2）

图1

图2

（3）用同样的方法，按摩宝宝的右腿。左右各重复2~3次。（图3）

爱心·小贴士

　　宝宝这时可能会踢脚"帮助"你按摩。鼓励宝宝协调自由地运动是按摩的目的之一，所以不要限制宝宝的这种反应。这种体验对妈妈和宝宝来说都是一种愉悦和享受。

图3

脚心按摩

 **Play**

（1）先从脚掌心开始，用双手拇指往外抚摸。（图1）

（2）成人拇指按在宝宝脚后跟的跟骨上，食指在脚掌心做顺时针圆周状推动，推出去时的力度可稍大些。重复2~3次。（图2、3）

图1

图2

爱心·小贴士

　　中医认为脚底有许多穴位，因此做足底按摩是很好的保健方法。按摩宝宝脚心可使宝宝放松、释放出紧张情绪。同时也会加深宝宝的呼吸，有助于宝宝的消化。

图3

78

轻揉脚跟内外部

Play

一只手抓住宝宝的脚趾或脚踝，另一只手轻轻搓揉宝宝脚跟的内外侧。

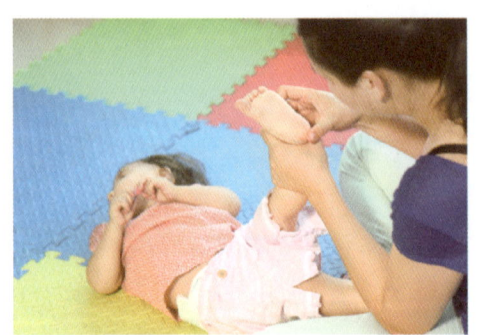

> **爱心·小·贴士**
>
> 按摩脚跟有助于宝宝臀部与腹部的压力释放，对于消除宝宝的胀气问题很有帮助。

从脚跟按摩到脚趾

Play

（1）一只手托住脚后跟，另一只手的拇指向下抚摩脚底。（图1、2）

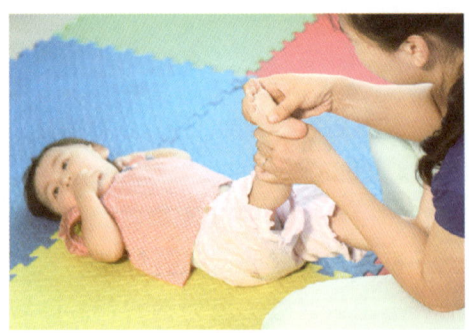

图1

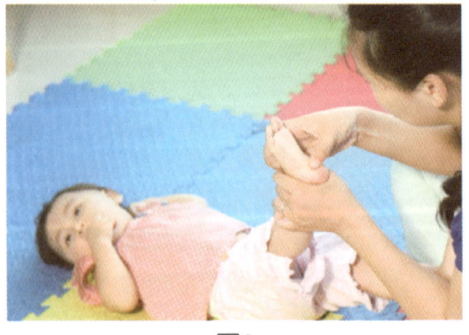

图2

（2）用拇指以外的四个手指的指腹，从宝宝的脚跟到大脚趾轻按或画小圆圈。重复2~3次。（图3）

爱心·小·贴士

这样按摩可松弛宝宝的神经。每次按摩到脚趾时，手指迅速回到脚跟。

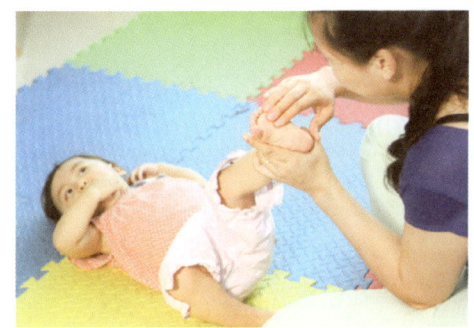

图3

脚趾与脚掌相接处

Play

在脚趾与脚掌相接处用右拇指指腹画小圆圈，而且要从小脚趾往大脚趾按。重复2~3次。（图1、2）

图1

爱心·小·贴士

当宝宝的鼻腔不适时，按摩此处可改善症状。

图2

脚趾按摩

Play

（1）从小趾开始，将手指在宝宝的每个脚趾上绕圈圈。（图1、2）

（2）从小趾开始，依次轻轻转动并拉伸每个脚趾。重复1～2次。（图3）

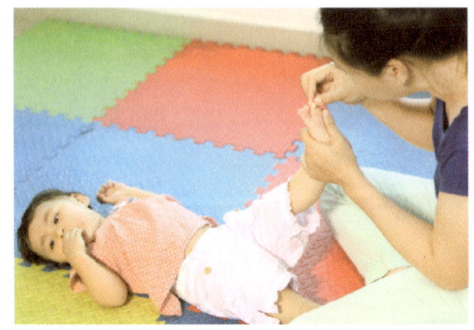

图1

爱心·小·贴士

　按摩脚趾对宝宝的耳朵、眼睛、头盖骨神经、骨骼与牙齿不适症的舒缓都有帮助。

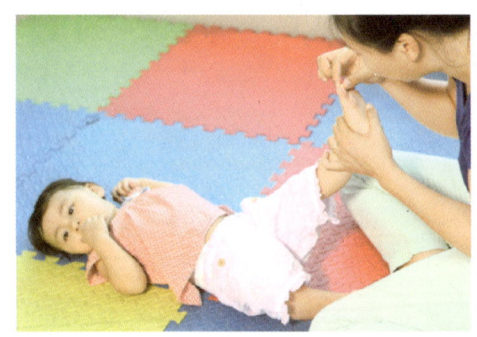

图2

妈妈也帮我按按小脚丫呗！

图3

脚背按摩

Play

用大拇指指腹从脚趾向脚踝方向轻轻推按脚背。双脚各重复2~3次。然后轻拍脚背。

爱心·小·贴士

可有效地促进宝宝的淋巴引流。轻拍脚背则和胸腔有关，可以帮助宝宝擤出鼻涕。

宝宝按摩的音乐

对于一般的宝宝来说，音乐是一个很好的令其放松的媒介。给宝宝按摩时，如果能配上合适的音乐，可以安定宝宝的情绪。尤其是播放宝宝熟悉的胎教音乐，能让妈妈和宝宝双方都得到感觉和触觉上的满足，增进彼此之间的感情交流，加强安全感和自信感，有助于稳定宝宝情绪，培养宝宝良好的性格。

推荐按摩好音乐：

01 月光 Moonlight Sonata　　02 小夜曲 Serenade

03 柔板 Adagio　　04 谜语 Nimrod Adagio

05 月光小品 Clair de Lune　　06 行板 Andante

07 夜曲 Nocturne　　08 咏叹调 Air on a g String

09 帕凡舞曲 Pavane　　10 威尼斯之恋 Adagio

11 月光重奏 String Reprise　　12 深海 Inner Sea

13 游戏舞会 Unwinding Stream　　14 雨丝朦朦 Velvet Rain

15 天空 Sienna Sky

三、宝宝的居家保健操

在家里陪宝宝做一些适当的运动，不仅能够起到保健作用，增强宝宝的体质，还能激发宝宝的潜能，获得意想不到的效果。

划船练习

Play

（1）妈妈和宝宝面对面坐下，妈妈两腿略微张开，把宝宝夹在中间。（图1）

图1

（2）妈妈可以哼唱摇船的歌曲，按着节拍活动腰部，让身体向前方和后方摇动，如同坐在小船上划船一样。宝宝也会随之把身体向后向前活动，感受划船的快乐。重复3~5次。（图2、3）

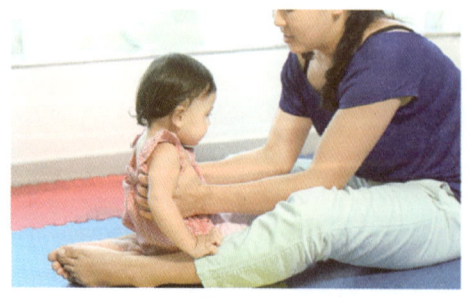

图2

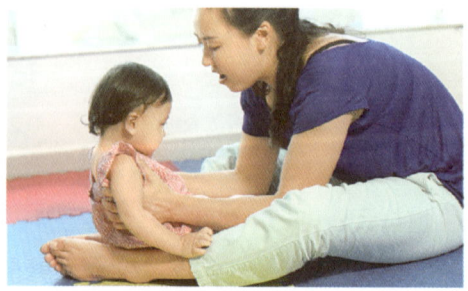

图3

宝宝后仰时要保持上身挺直，向前拉宝宝时要让宝宝肘部弯曲。

舞蹈练习

Play

（1）引导宝宝跟着音乐的节拍走步，走上一段时间就停下来。（图1）

（2）让宝宝曲膝颠动。（图2）

（3）让宝宝踩着妈妈的双脚，一起左右晃动，不着力的脚应抬离地面。（图3）

图1

图2

曲膝颠动可以发展膝盖的肌肉张力，而张力的增强可以帮助宝宝独立行走、攀爬、抬高膝盖跨过障碍、上楼梯以及爬上家具等物体。跳舞的时候注意节奏，跳一会，停一会儿，再跳，再停，这样的变化可以促进韵律感的形成。

图3

吊环练习

Play

（1）妈妈手持两个吊环，让宝宝双手抓牢，注意手的握姿要正确。（图1）

（2）轻轻提起吊环，让宝宝双脚短暂离地。时长控制在宝宝可以坚持的范围内。（图2）

爱心·小·贴士

如果宝宝的手力不够，可以双手握住宝宝的双手。要保证宝宝的握姿为四指在上，大拇指在下。吊环练习可以帮助宝宝尽快掌握抓握能力，增强手臂力量。

图1

图2

平衡练习

Ready

准备一个直径60厘米左右的充气球或者圆筒。

Play

（1）让宝宝趴在上面，如有需要，妈妈可以扶住宝宝双脚或臀部和躯干。（图1）

（2）慢慢将圆筒或球向前方和两侧滚动，并等待宝宝自己调整身体位置。（图2）

图1

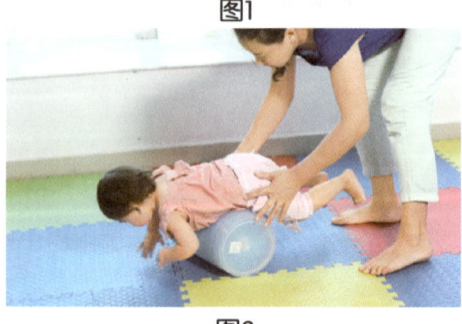

图2

（3）让宝宝坐在圆筒或球上，做同样的滚动。（图3、4、5）

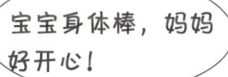

这个动作可以加强宝宝的平衡能力以及协调能力。应该教宝宝弯曲身体保持平衡，而不是用手去撑地。

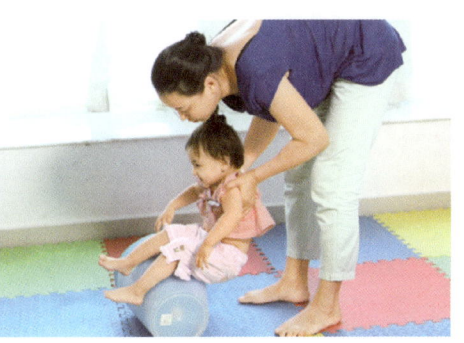

图3

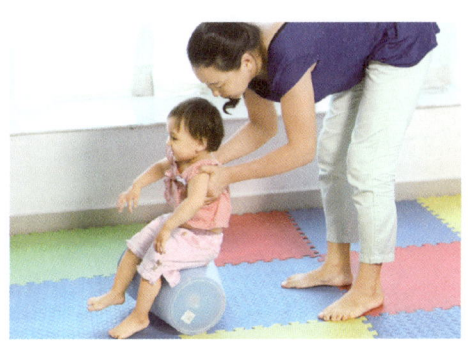

图4

图5

宝宝身体棒，妈妈好开心！

单手够物

 **Ready**

将被子卷成滚筒状。滚筒前放宝宝喜欢的玩具。

Play

（1）让宝宝趴在用被子做成的滚筒上。（图1）

（2）握住宝宝的双腿，使宝宝双膝离地。（图2）

（3）鼓励宝宝用一只手支撑，另一只手去够玩具。（图3）

这个练习可以增加宝宝颈部和背部的肌肉力量。

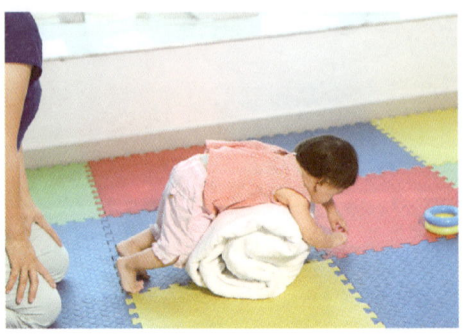

图1

图2

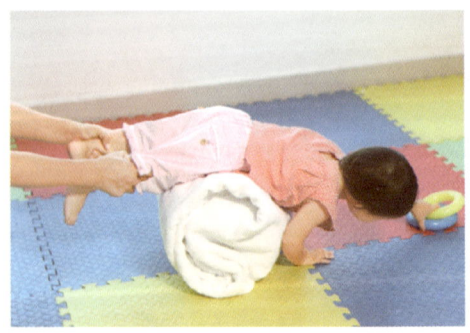

图3

投掷练习

Play

（1）让宝宝站好，伸直手臂，高高举起一个气球。（图1）

（2）让宝宝将球向前抛出。（图2）

图1

爱心·小·贴士

投掷需要宝宝具备时间感，这个练习可以让宝宝知道何时松手释放手中的球。同时，有助于增强宝宝的颈部力量，避免肩部、肘部、手部的肌肉张力不足导致未来书写困难。

图2

跳圈圈

Play

（1）有些宝宝22个月的时候已经很会双脚跳了。准备一个呼啦圈平放在地上，也可以用玩具围一个圈。（图1）

（2）让宝宝跳进圈内，再跳出来。（图2）

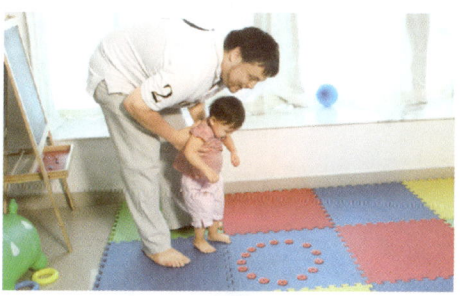

图1

爱心·小·贴士

这个动作可以锻炼宝宝的平衡感和弹跳能力。

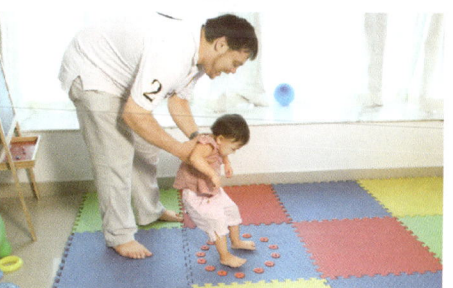

图2

水中转圈

将宝宝放进浴池，抓住宝宝的双手；帮助宝宝在水中旋转，先顺时针转一圈再逆时针转一圈。重复2～3次。

爱心·小·贴士

这个动作可以锻炼宝宝的平衡感和在水感。在帮助宝宝转圈的时候可给他戴上救生圈。

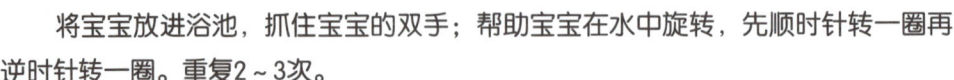

宝宝健康成长发育图

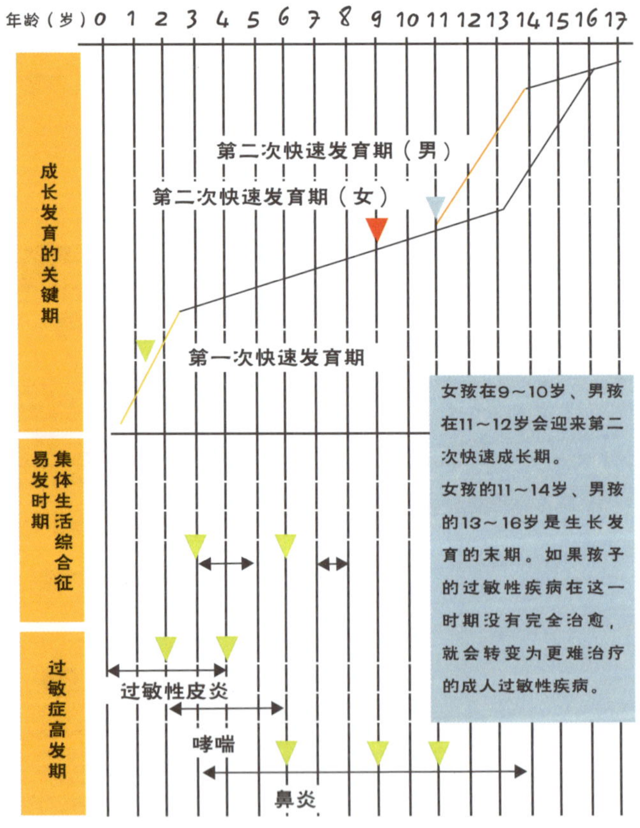

年龄（岁）0 1 2 3 4 5 6 7 8 9 10 11 12 13 14 15 16 17

成长发育的关键期

第二次快速发育期（男）

第二次快速发育期（女）

第一次快速发育期

女孩在9～10岁、男孩在11～12岁会迎来第二次快速成长期。

女孩的11～14岁、男孩的13～16岁是生长发育的末期。如果孩子的过敏性疾病在这一时期没有完全治愈，就会转变为更难治疗的成人过敏性疾病。

易发时期　集体生活综合征

过敏症高发期

过敏性皮炎

哮喘

鼻炎

Kid's Yoga

四、小不点瑜伽

跨坐式

Play

（1）妈妈平躺在垫子上。宝宝站立，双脚放在妈妈身体两侧。妈妈双膝弯曲，双手牵扶宝宝，呼气，宝宝慢慢坐于妈妈腹部处。（图1）

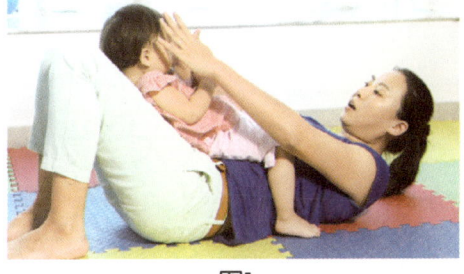

图1

（2）吸气，妈妈臀部上抬，宝宝上身放松后躺于妈妈大腿。保持2~3次呼吸。缓慢还原，调整呼吸。（图2）

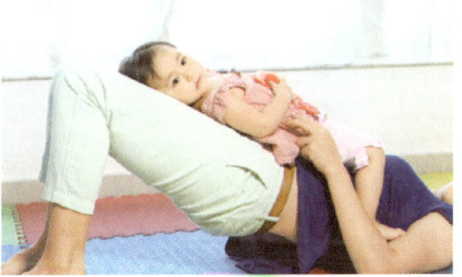

图2

爱心小贴士

宝宝坐稳后轻松后躺。接触妈妈的身体，可令宝宝产生安全感，并增进自信。另外，还能帮助按摩妈妈腹部，促进妈妈胃肠蠕动，帮助消化，预防便秘与腹胀。

升降机式

Play

（1）妈妈平躺于垫子上，弯曲双膝，双腿并拢。宝宝身体趴在妈妈小腿上，均匀呼吸。

图1

（2）吸气，妈妈将小腿缓缓抬高，呼气，小腿慢慢收回，保持2~3次呼吸。（图1、2）

（3）缓慢还原，调整呼吸。

图2

> **爱心·小·贴士**
>
> 这个动作可以增强宝宝的平衡性和协调性，灵活宝宝手脚。同时，强化妈妈膝关节，增进亲子关系与感情。

劈腿式

（1）妈妈与宝宝面对面坐。妈妈双腿左右打开，宝宝将双脚踩住妈妈大腿内侧，均匀地呼吸。（图1）

（2）吸气，妈妈双手扶住宝宝腋下，让宝宝身体后仰，保持2～3次呼吸。缓慢还原，调整呼吸。（图2）

图1

图2

> **爱心·小·贴士**
>
> 这个动作可伸展妈妈大腿内侧的肌肉，美化腿部曲线。上身后仰时，由于妈妈与宝宝相互牵拉，可放心后仰，增进信任感及亲子感情与默契。

磨磨运动

Play

（1）宝宝仰卧，妈妈抓住宝宝的双脚脚踝，让宝宝屈膝，双脚并拢。（图1）

（2）先由顺时针的方向推动宝宝的双脚，再由逆时针的方向推动。左右各转5次。（图2、3）

图1

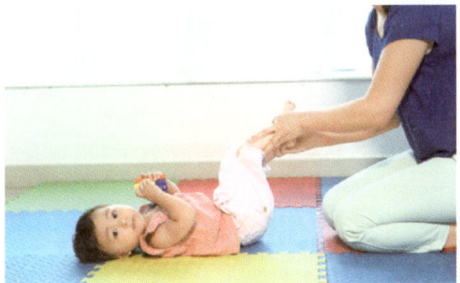

图2

图3

小蝗虫

Play

（1）让宝宝趴在垫子上，妈妈握住宝宝的小腿。（图1）

图1

（2）轻轻拉着宝宝的双脚往上提。重
复5次。（图2）

　　这个动作可以加强宝宝后背及后
腿肌肉，建议家长带宝宝多做。抬起
宝宝双脚时，可以教宝宝数数。

图2

小猫咪

Play

（1）让宝宝跪在垫子上，双手撑地，指
尖向前，背部伸直。（图1）

（2）妈妈双手扶宝宝腰部。让宝宝呼
气，同时，妈妈帮宝宝将背拱起，使宝
宝低头含胸。（图2）

（3）让宝宝吸气，妈妈帮宝宝压低腰
部，使宝宝抬头看前方，臀部翘起。各
保持2～3次呼吸。（图3）

图1

图2

　　这样做可以帮助伸展宝宝腹背小
肌肉群，保持身体的柔韧性。妈妈可
以用游戏方式先做给宝宝看，宝宝很
容易就能学会。

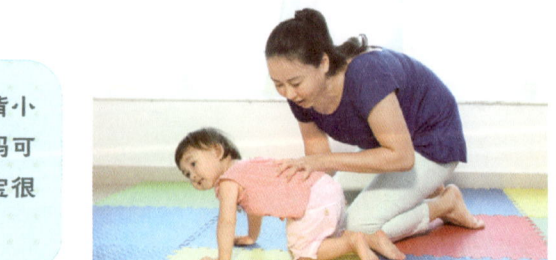

图3

分腿伸展式

Play

（1）宝宝在前，妈妈在后，坐在垫子上。将双腿打开到最大限度。（图1）

（2）让宝宝吸气，双臂向上伸展。保持2~3次呼吸。缓慢还原，调整呼吸。（图2）

图1

爱心·小·贴士

这个动作可以按摩宝宝腹部，拉伸大腿内侧韧带，帮助宝宝长高。

图2

宝宝学习瑜伽注意事项

宝宝学习瑜伽有很多益处，但需要注意的地方也不少。不当的练习不仅没有好处，反而可能成为宝宝的一种负担。宝宝学习瑜伽需要注意以下几个方面：

1、做瑜伽的最好时间是洗澡前或睡前，这样可以帮助宝宝睡得更好。每次做10~15分钟。

2、给宝宝穿着棉质的上衣与裤子，不要让宝宝穿袜子，应让他的脚丫直接感受抓地的感觉。

3、瑜伽场地应选择舒适且空气流通的房间。

4、准备好瑜伽垫、抱枕及宝宝爱听的音乐。

5、宝宝做瑜伽之前可先让他动动身体，做一些暖身运动。

6、宝宝喝牛奶前后的1小时不可以做瑜伽，以免影响消化。

7、视宝宝的情绪及身体状态而定，若宝宝太疲倦，或是感冒、发烧的时候都不适合做瑜伽。

五、宝宝爱做的健身游戏

专门针对幼儿的健身游戏，不仅让宝宝在游戏中提高了身体素质，也对宝宝的潜能开发起着不容忽视的作用。

沙包游戏

Play

（1）给宝宝一个小沙包，和宝宝一起将沙包扔来扔去，或是和宝宝比谁扔得更远。（图1、2、3）

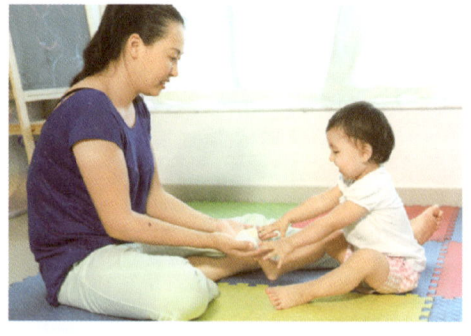

图1

图2

图3

（2）和宝宝一起想想可以将沙包放在身体哪些部位。可以顶在头上、放在背上或肚子上，还可以让宝宝仰卧抬起双脚，每只脚上放一个沙包，保持平衡不要让沙包掉下来。（图4、5、6）

图4

爱心·小·贴士

沙包游戏可以锻炼宝宝的臂力，激发宝宝的创造力。

图5

快加入我们的游戏吧！

图6

草地体操游戏

　　脱掉鞋子和宝宝一起在草地上来回跑，让宝宝来追你。把手臂高高举起，再向下摸草地，教宝宝一起做。给宝宝念下面的儿歌，让宝宝跟着做：

 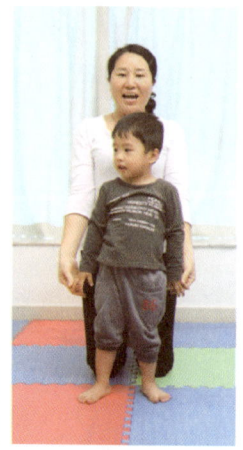  

向上够天空，　　向下摸草地。　　　向上够天空，　　　向下摸草地。

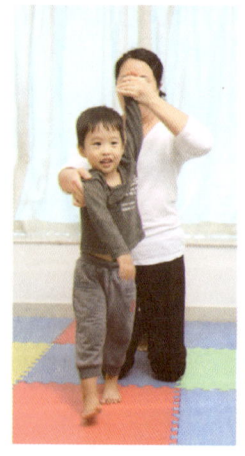   

再转一个圈，最后轻轻倒下去。

按儿歌的要求向上、下伸展手臂，然后转一个圈，最后轻轻倒下去。

爱心·小贴士

　　这个游戏不仅可以使宝宝全身得到锻炼，还能提高宝宝的协调能力。另外，宝宝在室外能呼吸新鲜空气，放松身心。

手臂的乐趣

Play

（1）让宝宝坐在妈妈腿上。（右图）

（2）给宝宝念儿歌，根据儿歌做相应动作：

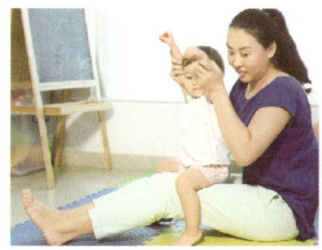

举起手臂，高，高，高。

（举起宝宝的手臂）

放下手臂，低，低，低。

（放下宝宝的手臂）

手臂绷紧，紧，紧，紧。

（拉紧宝宝的手臂）

放松手臂，松，松，松。

（让宝宝放松）

摇摇手臂，摇，摇，摇。

（摇摇宝宝的手臂）

围一个圈，圈，圈，圈。

爱心·小贴士

这个游戏不仅可以让宝宝的手臂更加灵活，臂力增强，还有助于提高宝宝的协调能力。

快乐的小脚丫

Play

（1）让宝宝先在光滑的地板上赤脚行走，再在沙地上赤脚行走，让宝宝体会不同的感觉。（图1）

（2）让宝宝在水泥地、放塑料玩具的垫子等不同的东西上行走。（图2）

> **爱心·小·贴士**
>
> 　让宝宝在各种地面行走可以增强宝宝眼睛和脚的协调能力，赤脚行走可按摩脚底穴位，让宝宝更健康。

图1

图2

四只乌龟

Play

　给宝宝念儿歌，根据儿歌做相应动作：

　小脚爬上大脚背，大乌龟驮着小乌龟。妈妈从后面扶住宝宝腋下，让宝宝的小脚分别踩在妈妈的两只大脚上。（图1）

　一二一，一二一，四只乌龟把家回。带着宝宝按"一二一"的节奏向前迈步。（图2）

> **爱心·小·贴士**
>
> 　这个游戏不仅可以锻炼宝宝大肌肉群的运动能力，还能让宝宝学会保持身体平衡。

图1

图2

冬天运动操

Play

给宝宝念儿歌，根据儿歌做相应动作：

北风呼呼吹呀，雪花飘飘下呀。

妈妈带宝宝到家中比较开阔的地方。（图1）

小手搓一搓呀。妈妈带宝宝一起反复搓手。（图2）

小脚跺一跺呀。妈妈和宝宝一起跺跺脚。（图3）

宝宝蹦蹦又跳跳，冬天咱也不冷呀。妈妈抱着宝宝蹦蹦跳跳。（图4）

图1

图2

图3

图4

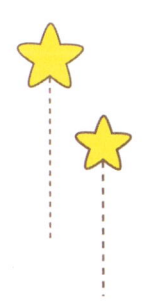

爱心·小贴士

冬天做这个游戏，既能活动身体，又能增加热量，宝宝和妈妈都能暖和起来。经常动一动可以增强宝宝抵抗力。

不倒翁

Play

（1）妈妈坐在垫子上，两腿分开，两脚相对；宝宝坐在妈妈的腿中间。（图1）

（2）爸爸边念儿歌边做下面的动作：

不倒翁，翁不倒，怀里抱着小宝宝。妈妈边念儿歌边随儿歌节奏左右摇摆。（图2）

左歪歪，右倒倒。爸爸随儿歌先左摇，再右摇。（图3）

摇来摇去摇不倒。把宝宝身体翻180度后坐起。（图4）

爱心小贴士

这个游戏可以促进宝宝大脑的平衡功能，并体验与爸爸妈妈一起游戏的快乐。在游戏中妈妈要用两手扶住宝宝腰部，双手将宝宝固定在怀里，左右摇摆时尽量增加摇摆的幅度，在最后翻转时要尽可能向右侧倒。在翻转过程中要保护宝宝的安全。

图1

图2

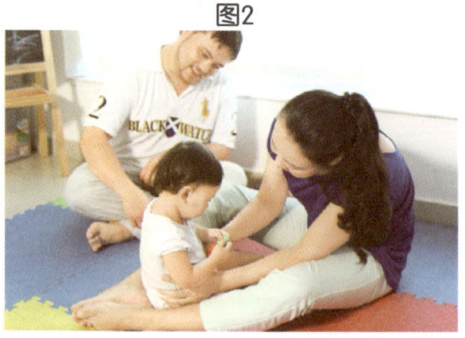

图3

图4

小蹬车

Play

（1）妈妈坐在椅子上，宝宝站在妈妈的大腿上并面对妈妈，妈妈用手撑住宝宝的腋窝。（图1）

（2）妈妈念下面的儿歌，双腿随儿歌节奏做蹬车的动作：

　　　小蹬车，小蹬车，宝宝蹬来妈妈坐。（图2）

　　　一二三，三二一，乐得宝宝笑嘻嘻。（图3）

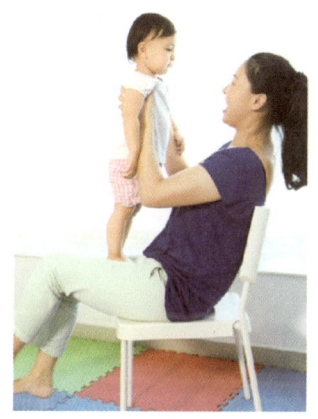 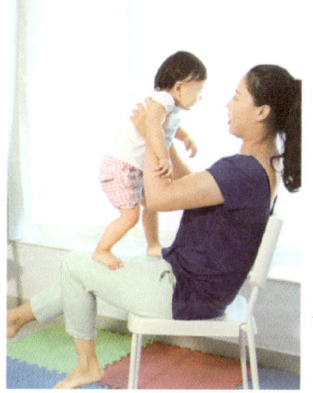 

图1　　　　　　　　　　图2　　　　　　　　　　图3

爱心·小贴士

　　这个游戏可以锻炼宝宝身体的协调性，增强宝宝腿部力量。注意妈妈要先确定宝宝已经站稳，再开始做动作。

宝宝学习瑜伽注意事项

　　婴幼儿动作发展有一个循序渐进的过程，开始反应要比成人迟缓一些，在游戏中要配合婴幼儿动作发展的步调进行。

　　利用运动玩具促进运动发展。根据婴儿的游戏类型及年龄选择适宜的玩具，有助于婴幼儿综合能力的训练。

　　2~3岁的宝宝具备了更多的运动能力，这个时候的宝宝总是喜欢不停地运动（跑、踢、爬、跳）。宝宝一天天在进步，跑起来更稳、更协调了；能扶着栏杆自己上下台阶了；学会了踢球并掌控球的方向；稍微帮助一下，就能够单腿站立了……这个过程中，宝宝对身体的操纵更加灵活，后退和拐弯也不再生硬。走动时还能做其他的事情，例如用手抓拿、讲话以及向周围观看。

Part 4
第四章

跟着妈妈
一起快乐运动
（2~3岁）

Doing Exercises with Mom

(2~3 Year-Old)

Capacity of Daily Activity of 2~3 Year-Old Babies

一、2～3岁宝宝的基本运动能力

 2～3岁宝宝运动技能指标

能用铅笔或蜡笔画竖线、横线和圆圈

能一页页翻书

能搭建超过6块积木的塔

能拧紧或拧开瓶盖、螺帽和门闩

能顺利弯腰而不倒下

能轻松地跑

能两脚轻轻地蹦跳

能脚步交替上下楼梯

能骑三轮车

能会爬上滑梯并从上面滑下来

能转动把手

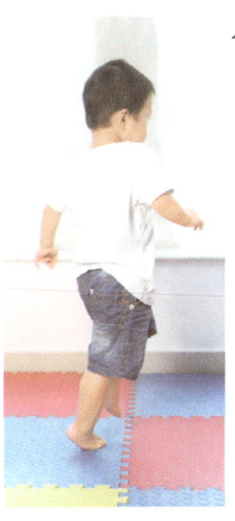

能用脚尖走路

能单脚站立

能踢球

翻跟斗练习

Play

（1）教宝宝屈膝蹲下。（图1）

（2）让宝宝将臀部抬起，头向下，往里收。（图2）

图1

图2

（3）头先着地，往前翻滚。重复3～5次。（图3、4）

图3

图4

　　翻跟斗可以促进血液循环，促进宝宝脑部发育，使宝宝更聪明。在翻跟斗时小心别让宝宝摔倒或撞到旁边的桌椅，以免宝宝受伤。

单足站立练习

 第一阶段：
双臂支撑单足站立

Play

（1）在宝宝左右两侧放两个椅子让宝宝支撑。（图1）

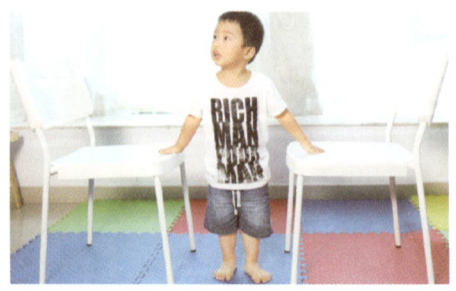

图1

（2）让宝宝伸开用双手扶着椅子，单足站立10~15秒。（图2）

（3）以同样的方式换另一条腿站立，坚持10~15秒。两腿各重复2~3次。（图3）

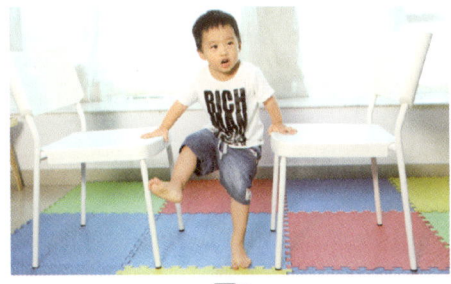

图2

爱心·小·贴士

　　站立时间可以适当延长。这一阶段主要是让宝宝熟悉单足站立的感觉，同时进一步加强腿部肌肉锻炼。

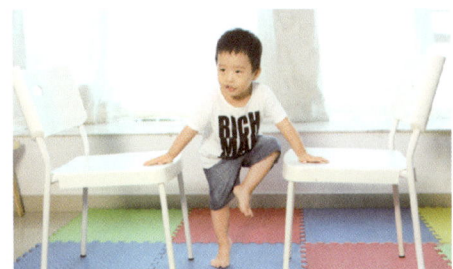

图3

 **第二阶段：单臂支撑单足站立**

Play

（1）在宝宝单侧放一个椅子，也可以换成桌子、墙壁让宝宝单手臂支撑。妈妈也可以牵着宝宝一只手以保持平衡。让宝宝单手扶着支撑物，单足站立10~15秒。（图1）

（2）以同样的方式换另一条腿站立，坚持10~15秒。两腿各重复2~3次。（图2）

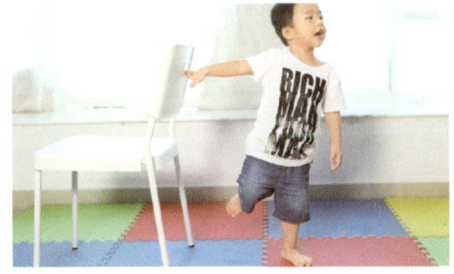

图1

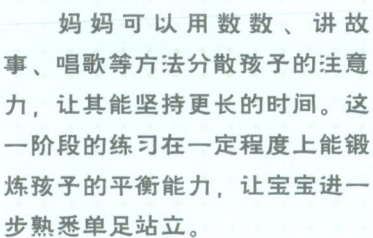爱心·小·贴士

　　妈妈可以用数数、讲故事、唱歌等方法分散孩子的注意力，让其能坚持更长的时间。这一阶段的练习在一定程度上能锻炼孩子的平衡能力，让宝宝进一步熟悉单足站立。

图2

第三阶段：无支撑单足站立

Play

（1）牵着宝宝一只手让宝宝单足站立。
（图1）

（2）等宝宝站稳后，慢慢松开宝宝的手，让宝宝自己学会平衡，坚持3～5秒后换腿。
（图2）

图1

> **爱心·小贴士**
>
> 妈妈可以给宝宝一个进度时间表，从3秒到5秒再到10秒，逐渐增加站立的时间长度。为了增加趣味性，妈妈可以和宝宝进行单足站立比赛，一起大声数数，把单独的枯燥训练，变成有趣的亲子游戏。在游戏中要记得适当地让宝宝"赢"上几次，再配以适当的表扬，宝宝才会坚持继续练习。

图2

跳跃练习

 ### 18个月——具有一定的跳跃能力

促进训练：跳台阶

Play

妈妈可以牵着宝宝的双手，也可以让宝宝自己从最后一个台阶练习双脚并着往下跳。

>  **爱心·小贴士**
>
> 这个练习可以锻炼宝宝的腿部力量，为后期的跳跃打下坚实的基础。

21个月 —— 能双脚交替连续跳跃，但不超过10次

促进训练：跳绳索

在两个椅子间系一根绳子，让绳子下垂到合适的高度。从绳子垂到地面开始让宝宝跨过绳索，然后慢慢升高，最高不超过5厘米。（图1、2）

图1

爱心·小·贴士

这个动作可以反复练习，促进宝贝的腿部力量，提高腿的平衡能力。刚开始练习时，妈妈要注意在一旁保护，以免宝宝摔伤。

图2

24个月 —— 双脚并跳时，能够双脚同时离地和同时落地2次以上

促进训练：双脚跳

（1）妈妈拉着宝宝的双手，与宝宝面对面站立。（图1）

（2）妈妈先做一遍双脚跳起来的动作给宝宝看，然后让宝宝和妈妈一起跳。（图2）

图1

爱心·小·贴士

一开始训练时，妈妈一定要拉着宝宝的双手，逐渐让宝宝拉着一只手或扶着东西跳，直至宝宝能够自己跳。反复训练可以增强身体的平衡力和协调力。

图2

30个月——能双脚向前连续向前跳1～2米远

促进训练：跳远

（1）妈妈与宝宝相隔一定的距离相对蹲好。

（2）妈妈拉着宝宝的双手让宝宝向前面跳。（图1、2）

图1

爱心·小·贴士

宝宝熟练后，再让宝宝独自跳远，并练习从最后一个台阶上跳下，能够独立站稳的动作。

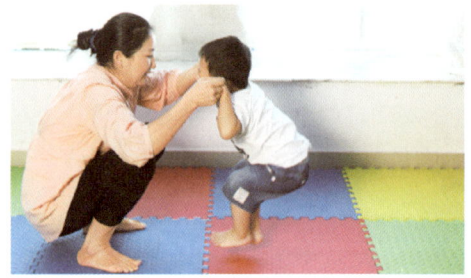

图2

 **36个月：双脚可以连续向前跳 3～4米，原地跳1～20次。**

促进训练：追人游戏

让宝宝和小朋友一起玩"你来追我"的游戏，让宝宝与小朋友相互追逐，相互躲闪。

 **爱心·小·贴士**

这个游戏可以全面训练宝宝的运动能力，练习行走自如、跑、跳以及长距离运动，从而促进跳跃运动的发展。

上下楼梯练习

Play

（1）从18个月开始，妈妈可以拉着宝宝一只手帮助其掌握平衡，让宝宝自己上下楼梯。很快，宝宝就能不用妈妈的帮助，自己两步一个台阶地上楼梯。

（2）宝宝学会上楼梯之后，妈妈牵着宝宝练习一步一步地下楼梯，待宝宝两脚站稳后再伸脚向下迈。

上下楼梯是训练宝宝腿部力量和平衡性的最佳游戏之一。一开始由妈妈牵着宝宝扶着栏杆上、下楼梯，然后由宝宝自己扶好楼梯扶手一步登上。可以反复练习，但注意不要让宝宝过于劳累。一般24个月以后，宝宝就可以自己扶着栏杆或独自上下楼梯。

走平衡木练习

Ready

找一块25厘米宽的木板，将木板垫高15厘米。刚开始练的时候，木板可以铺得短一点，等宝宝熟练后，木板可以加长。

Play

（1）由妈妈拉着宝宝的手从木板上走一遍。（图1）

图1

（2）妈妈放手，让宝宝练习自己走。熟练后，就可以让宝宝手提东西或者头上放一本书在平衡木上走动。（图2）

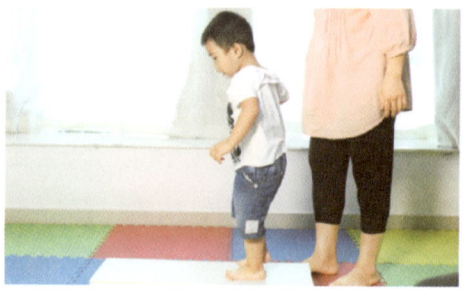

图2

爱心·小·贴士

　　走平衡木可以锻炼宝宝的身体协调性增加宝宝的勇气。它既训练了宝宝一心二用的能力，同时对开发其左右脑也有帮助。刚开始练习时，不妨先扶着宝宝的手，免得宝宝不小心摔倒。反复练习，直到宝宝不用扶手就能行走自如。注意木板不要垫得太高，以免摔伤。

骑小自行车练习

Play

（1）指导宝宝坐到车上，然后帮助宝宝将两只脚分别放到两个踏板上，让宝宝试着用脚转动轮子。（图1）

（2）一开始宝宝骑得不好，妈妈可帮助宝宝轻轻推一下。经过一段时间练习，宝宝就能够独自骑小自行车向前走了。（图2）

图1

爱心·小·贴士

　　学习骑小自行车，是锻炼全身协调运动和视觉配合的好方法。通过这个训练，可以增强宝宝的身体平衡感和腿部力量，对跳跃运动有好处，还可以同时促进视觉与动作的协调性。宝宝骑自行车的过程中，妈妈不要离开，以免宝宝摔伤。

图2

Funny Massage

二、宝宝的趣味按摩

宝宝2岁以后，乖乖躺着让你按摩已经不太可能，因此需要爸爸妈妈掌握更多的技巧，让宝宝把每天的按摩当成一种"游戏"来参与。

披萨游戏

Play

"宝宝，我们要做pizza咯。宝宝当pizza，妈妈来当厨师好吗？"

"首先，放一些面粉；接着，加一点儿水；最后，撒一点儿盐"。

"接下来我要开始揉面团了喔，准备好了吗？"

（1）"揉面团、揉面团，揉好面团做PIZZA"。来回数次，直到孩子开始笑为止。（图1）

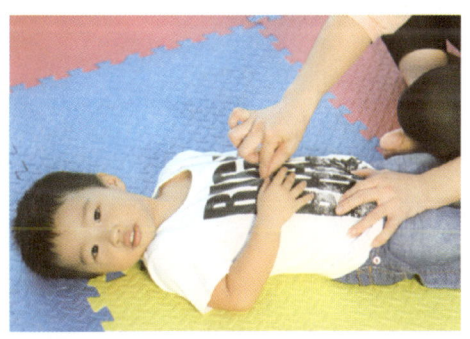

图1

"好累喔，面团终于揉好了，现在我们要开始帮PIZZA添加配料。"

（2）"PIZZA加什么材料呢？宝宝最喜欢吃热狗还是香菇？"鼓励宝宝自己回答，进行语言练习和表达锻炼。（图2）

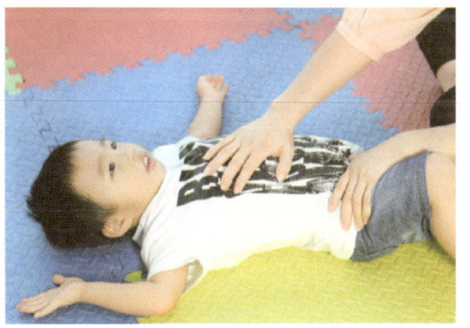

图2

③ "配料加好了，现在我们要把PIZZA放到烤箱去烤！"。把宝宝抱在自己的膝上，转换宝宝躺卧环境。（图3）

（4）"要烤几分钟呢？"。根据宝宝的回答边摇孩子边数"1-2-3-4……"直到预定的分钟数。

（5）"可铃铃……烤好了！"。让宝宝成为坐姿或是站姿后搂在怀中。（图4）

（6）"吃PIZZA了！"。亲亲宝宝，让宝宝快乐地清醒。（图5）

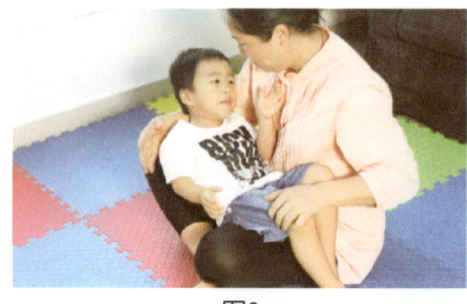

图3

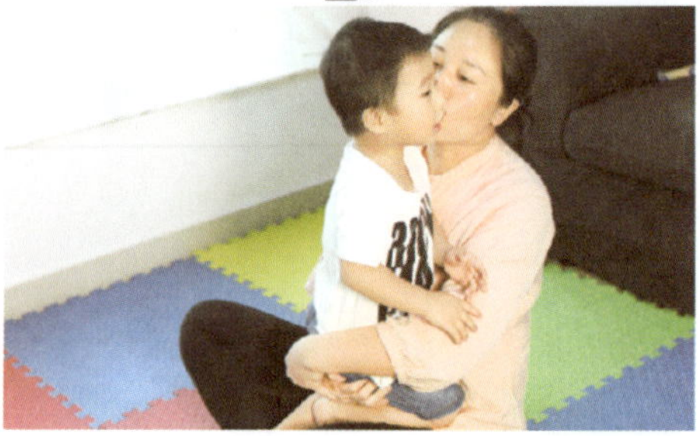

图4

图5

爱心·小·贴士

　　这是一个适合用来唤醒大孩子的按摩游戏。可以让宝宝开开心心地醒过来，帮助宝宝克服赖床的习惯。还能增进宝宝与妈妈之间的感情。

小蜘蛛按摩

 **Ready**

宝宝坐着或是躺着，面对着妈妈。

Play

（1）ENCY WENCY SPIDER WENT-UP THE WATER SPOUT. 妈妈两手手指像蜘蛛般，由宝宝脚部沿着腿部、手臂，

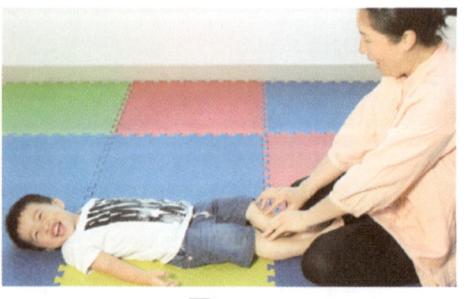

图1

爬上肩膀。（图1、2）

（2）DOWN CAME THE RAIN AND WASHED THE SPIDER OUT. 妈妈双手从宝宝的头部往脸部肩部到手部，再顺着肩部到胸部腹部腿部和脚部的顺序，抚摸宝宝。（图3）

（3）OUT CAME THE SUN. 妈妈两手手指张开让宝宝看看。（图4）

（4）AND DRIED-UP ALL THE RAIN. 妈妈用手掌在宝宝身上轻抚触。（图5）

（5）AND THEN ENY WENCY SPIDER WENT-UP THE SPOUT AGAIN. 妈妈两手手指再次由宝宝的身体部位，从下往上点按。（图6）

爱心·小贴士

这个按摩游戏可以帮助宝宝放松全身的肌肉，促进宝宝血液循环，有利于宝宝健康成长。

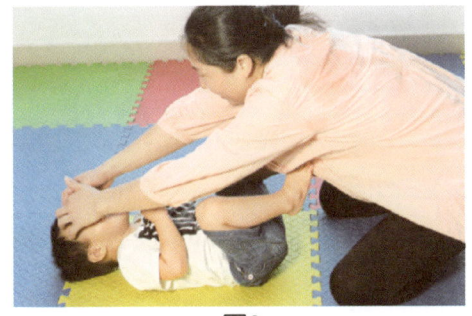

图3

图4

图5

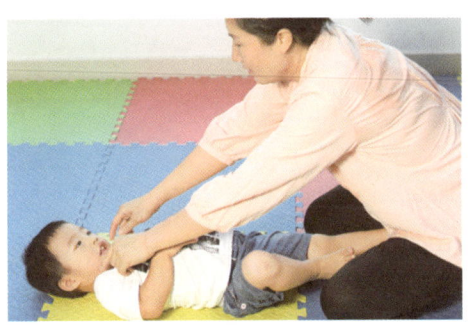

图2

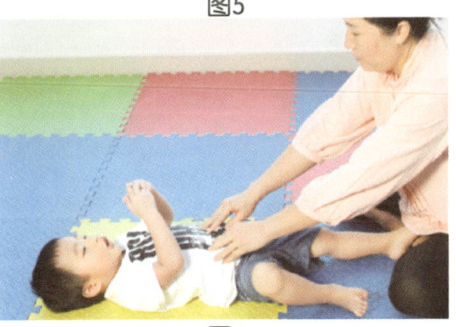

图6

手指（脚趾）按摩游戏

Play

一边滚动搓揉每一根指（趾）头，一边念儿歌：

（1）小宝宝来游戏。搓揉宝宝的拇指。（图1）

（2）小宝宝爱看戏。搓揉宝宝的食指。（图2）

（3）小宝宝跑到哪里去。搓揉宝宝的中指。（图3）

（4）小宝宝哈啾…哈啾…哈啾…打喷嚏。搓揉宝宝的无名指。（图4）

（5）小宝宝，偷偷放了一个大臭屁。搓揉宝宝的小拇指，再亲亲宝宝。（图5）

爱心·小·贴士

通过游戏可以活动宝宝的指关节，增强宝宝手指的灵活性，有利于培养宝宝的动手能力。

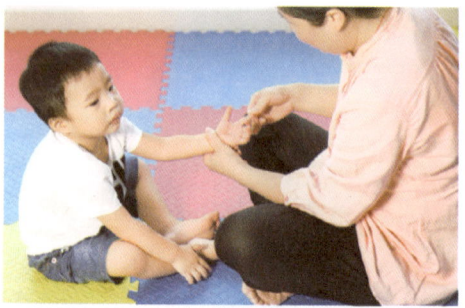

图2

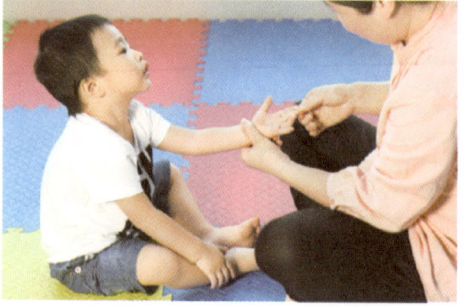

图3

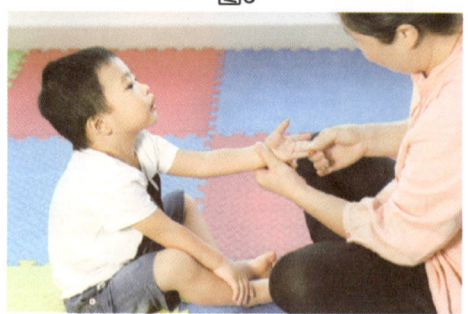

图4

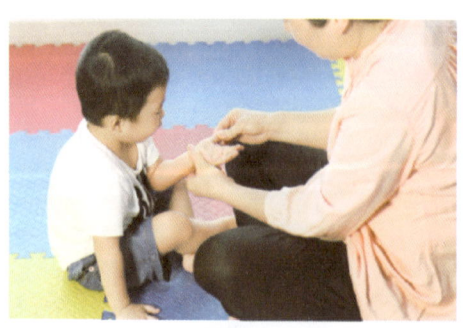

图1

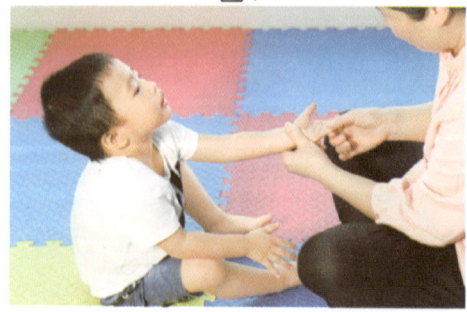

图5

天气游戏

Play

让宝宝背向妈妈坐或趴着，妈妈一边按摩一边给宝宝讲故事：

（1）很久很久以前，有一个又圆又大的太阳。一手握住宝宝肩膀，一手在背部顺时针画圆圈。（图1）

（2）太阳的光芒照射大地，温暖了世界每一个角落的小朋友，温暖了爸爸、妈妈，还有小宝宝。双手在背部以放射线的方式向外画许多直线。（图2）

（3）有一天，乌云出现了，遮住了太阳，天气开始变凉了。两手在背后连续画小圈圈，仿佛云朵渐渐遮住太阳一样。（图3）

（4）渐渐刮起风。双手在背上由一侧到另一侧像刮风般连续按摩。（图4）

（5）风越刮越大、越刮越大。说故事的声音渐渐加强，手上的力量也逐渐加强。（图5）

图2

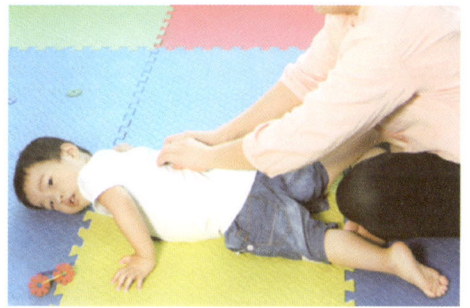

图3

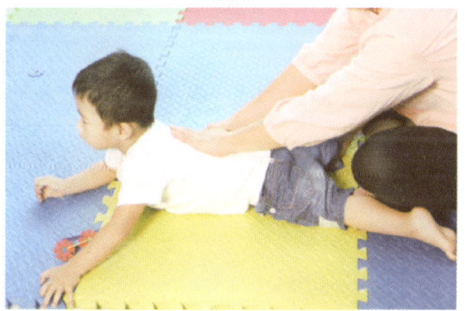

图4

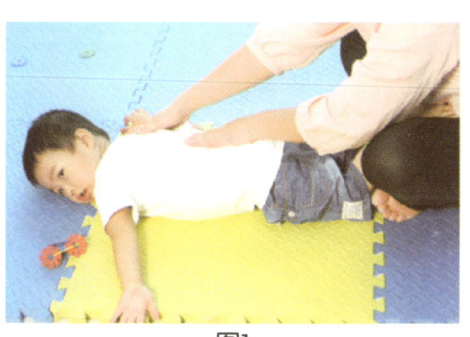

图1

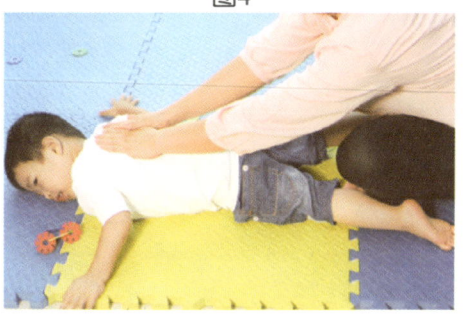

图5

（6）变成了台风和龙卷风。双手在背后快速顺时针画漩涡。（图6）

（7）然后，天空出现了闪电，接着打雷了。先用双手画出闪电，接着双手连续拍按。（图7）

（8）开始下雨了。双手指腹在背上由上往下弹跳，像是雨滴不断滴落。（图8）

（9）雨越下越大、越下越大。动作逐渐加强加快。（图9）

（10）大雨变成了冰雹。用指腹在背部像跳舞一样点按。（图10）

（11）最后，天空下起了茫茫白雪。指腹轻轻在背部推送，声音也变得轻缓。（图11）

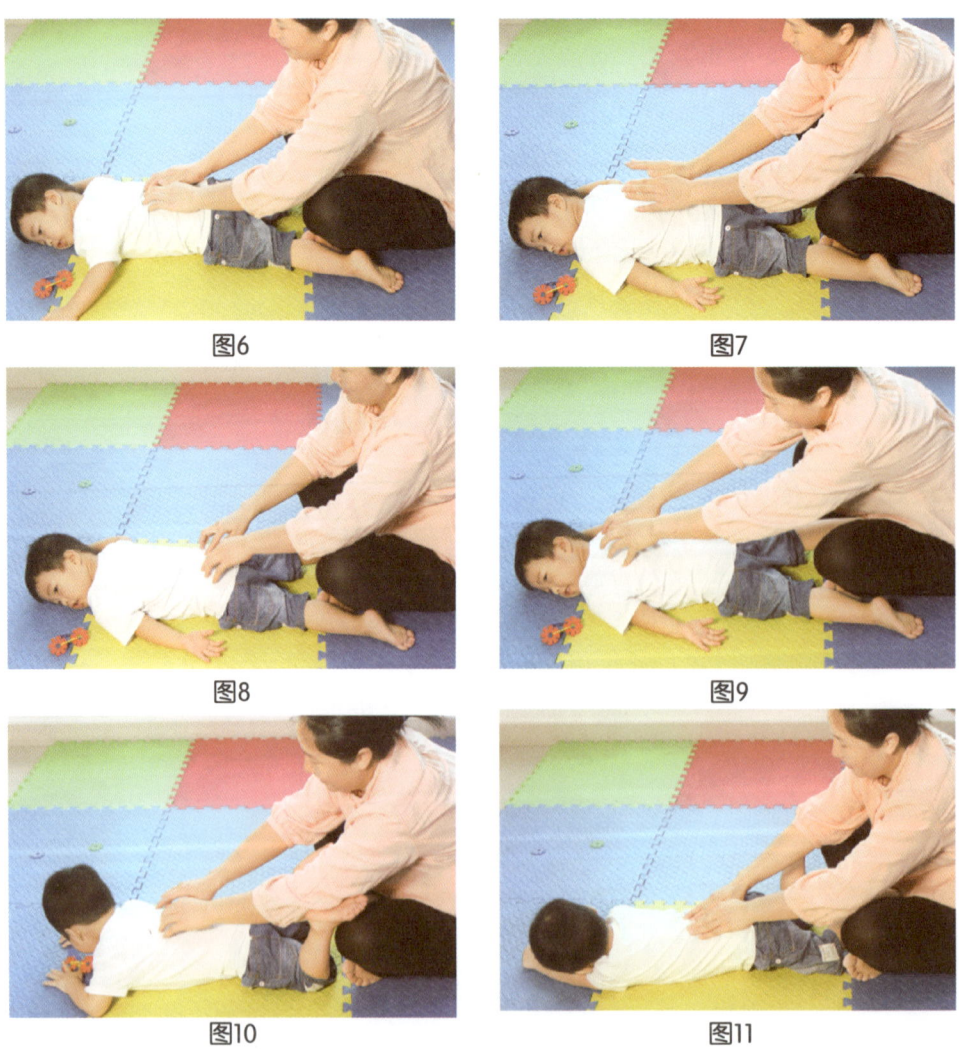

图6　　　　　　　　　　　　图7

图8　　　　　　　　　　　　图9

图10　　　　　　　　　　　　图11

（12）大地披上了银白色的地毯，这时候猫妈咪从地上爬上屋顶。手握拳，从背部的一侧由下往上渐渐滚动向上。（图12）

（13）然后，顽皮的猫宝宝也跟着爬上屋顶。同样握拳，以稍轻的相同手势，从背部的中央从下往上渐渐滚动。（图13）

（14）最后，猫爸爸神气地爬上屋顶。以最重的相同手势，从背部的另一侧由下往上渐渐滚动。（图14）

（15）大地上都是猫咪脚印，这时候雾气浮现。将双手离背部1~2厘米远，只让孩子感受到手部的热气。（图15）

（16）太阳又出来了，大地又慢慢地变温暖了。双手离开背部。（图16）

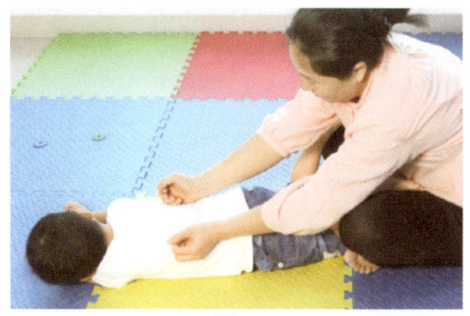

图13

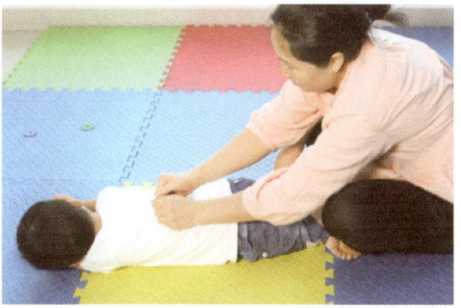

图14

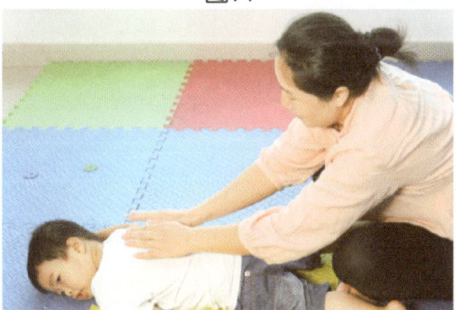

图15

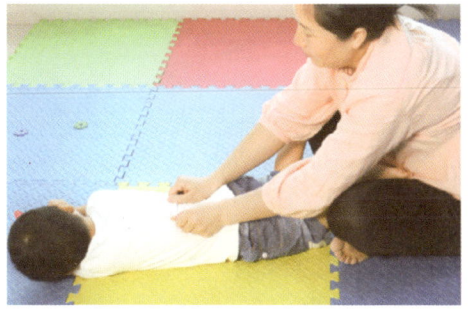

图12

图16

腹部毛毛虫按摩

一边按摩一边给宝宝念儿歌：

（1）10只毛毛虫，爬呀爬呀爬到树丛中。双手放在宝宝腹部，两手轮流按摩。（图1）

（2）来了两只小恐龙。双手移至胸部的肋骨两侧。（图2）

（3）伸长了脖子抓虫虫。一手往对角肩膀推按，握一下肩头后，回到原位。
（图3、4）

（4）伸长脖子抓虫虫。另一手往对角肩膀推按，握一下肩头后，回到原位。
（图5、6）

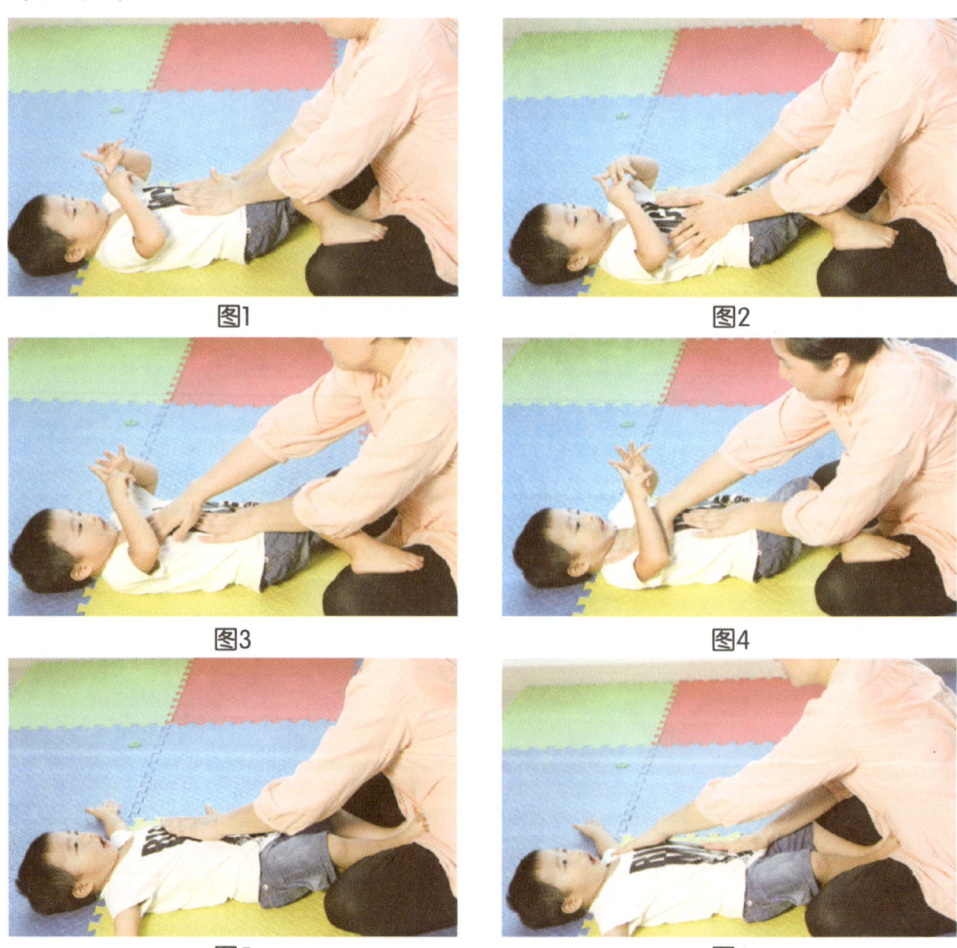

图1

图2

图3

图4

图5

图6

（5）毛毛虫，吓了一跳。两手在胸部并排静置。（图7）

（6）排成两排，爬呀爬呀爬进一个大树洞。在胸部按摩。（图8）

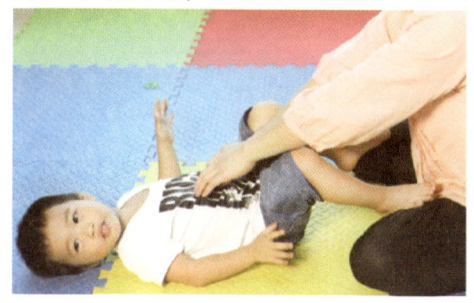

图7

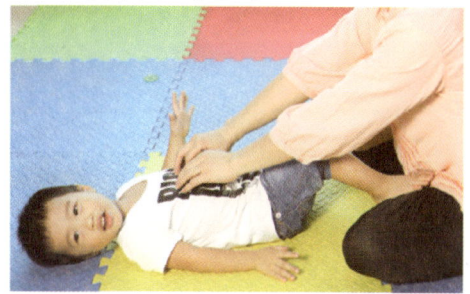

图8

爱心·小贴士

这个游戏可以促进宝宝肠胃蠕动，促进消化吸收，还能增强宝宝的心肺功能。

注意事项

　　舒适的环境：不管宝宝年龄多大，给宝宝按摩的时候，室温都不能太低，一般保持在25～28℃，还要保持一定湿度。随时注意保持室内空气流通，室内应灯光柔和、安静清洁。

　　舒服的姿势：可以用摇篮式的姿势进行按摩；或是单纯盘坐，让宝宝躺在面前的位置。对于比较敏感的宝宝，还可以另外准备一条毛巾，卷成条状，围住宝宝的头部周围，为宝宝提供安全感和边界感，这样宝宝就能享受更多的按摩。

　　充分的准备：按摩之前，妈妈要洗净双手，剪短指甲，卸除身上的所有的饰品，穿着长袖衣服时，应该把袖子卷起。在按摩前妈妈应先温暖双手，倒一些婴儿润肤油在掌心，这样妈妈很容易用手蘸取，注意不要将油直接倒在宝宝皮肤上。妈妈双手涂上足够的润肤油，轻轻在宝宝肌肤上滑动，开始时轻轻按摩，然后逐渐增加压力，让宝宝慢慢适应按摩。

　　征询宝宝的同意：按摩之前，一定要征询宝宝的同意，要认真观察宝宝所作出的反应。如果宝宝出现眼神接触、呢喃儿语、开放的身体姿势……都代表了宝宝对于按摩讯息的接受和喜悦。但是，如果宝宝出现烦躁不安的状态，说明宝宝觉得不舒服或恐惧，为了舒缓宝宝的情绪，可以试着改变宝宝的位置和姿势；如果宝宝开始大哭，则说明宝宝不愿意接受按摩，此时应马上停止。

三、幼儿健康体操

2岁多的宝宝，运动能力更强了，适当做做体操，可以促进身体健康，也能锻炼身体的柔韧性、灵活性，帮助宝宝长得更高哦。

双臂背举

Ready

宝宝站在妈妈前面。

Play

妈妈帮助宝宝做以下动作：

（1）两手背后交叉伸直，再慢慢向上抬起。（图1）

（2）抬到不能再往上抬时，保持该姿势2～3秒。（图2）

（3）两手快速在腰两侧落下。重复3～5次。（图3）

图1

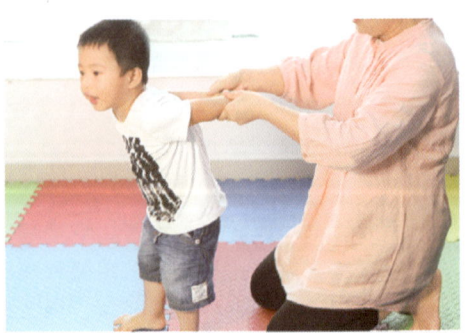

图2

爱心·小贴士

这个动作可以增强宝宝的手臂力量，还能锻炼宝宝的双肩，提高肘关节柔韧性及灵活性。

图3

双肩周转

Ready

宝宝站在妈妈前面。

Play

妈妈帮助宝宝做以下动作：

将两肘关节屈曲，双上臂由前向后周转而带动双肩关节旋转。再由后向前（反方向）同样方式旋转。前后各重复3~5次。（图1、2、3、4）

图1　　　　　图2　　　　　图3　　　　　图4

这个动作帮助宝宝活动肩关节，增强肩部的柔韧性及灵活性。

左右转肩

 ✓Ready

宝宝站在妈妈前面，双手环抱于胸前。

Play

妈妈帮助宝宝做以下动作：

向左右两侧转动肩部，同时头随身体转动，幅度最好超过90度。左右各重复3~5次。（图1、2、3、4）

图1

图2

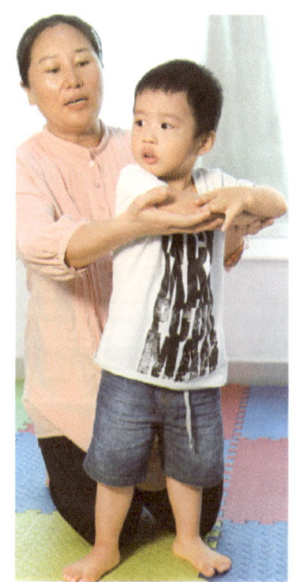

图3

图4

 爱心·小贴士

这个动作可以充分运动宝宝的肩膀。

伸背弯腰

**Ready**

宝宝站在妈妈前面，两腿分开与肩同宽。（图1）

Play

妈妈帮助宝宝做以下动作：

（1）双手十指交叉上举过头顶，使身体背部向上、向后伸展。（图2）

（2）然后双手向前落下，位于两腿间。身体呈弯腰状。前后各重复3～5次。
（图3）

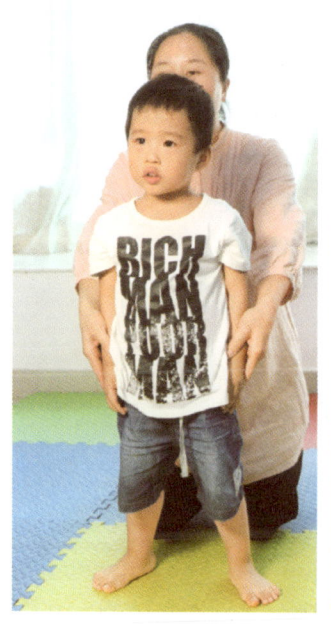　　　　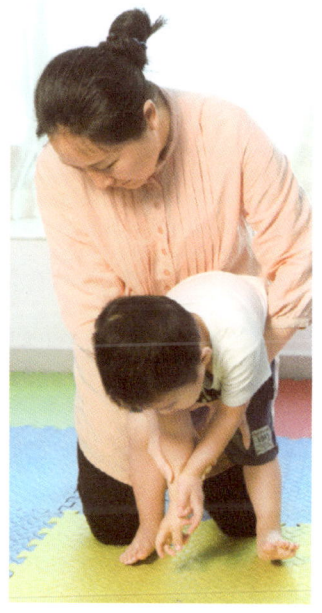

图1　　　　　　　　　　图2　　　　　　　　　　图3

这个动作可以帮助脊柱伸展，锻炼腰背肌力，还能让宝宝长得更高。

握拳伸指

Ready

宝宝与妈妈面对面站立或坐立。
（图1）

Play

妈妈以动作示范教宝宝模仿：

（1）将双手五指同时弯曲呈握拳状。

（2）然后同时用力张开五指。（图2）

（3）依次弯曲双手各手指，至握拳状。

（4）接着按同样的顺序依次伸开各手
指。重复3~5次。

这个动作可以促进手指关
节灵活性、协调性，有利于培养
宝宝的抓握能力。

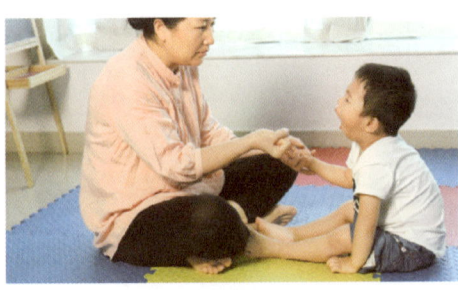

图1

图2

双脚并跳

Ready

妈妈与宝宝对面站立，握住宝宝的
双手。（图1）

Play

妈妈教宝宝做以下动作：

（1）确定宝宝站稳时，妈妈握宝宝双手
快速下落，宝宝双膝弯曲。（图2）

（2）妈妈接着发出"跳"的指令，同时
将宝宝双手向上托起，使宝宝双脚向上
并跳。重复3~5次。（图3、4）

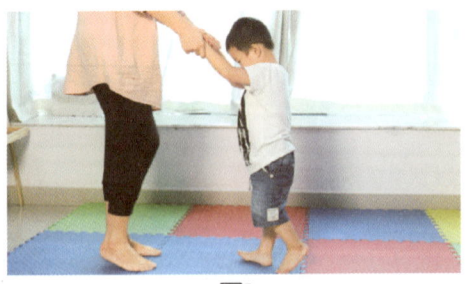

图1

图2

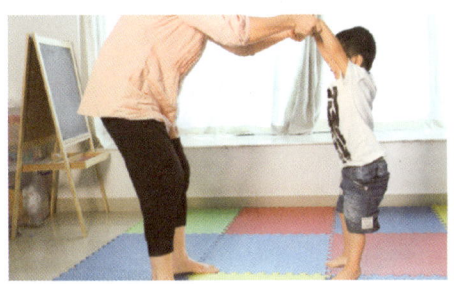

图3

图4

跳跃前进

 Ready

妈妈与宝宝并排站立，或妈妈在前宝宝在后站立。

Play

妈妈以动作示范教宝宝模仿：

（1）自然站立，上身微微前倾，弯曲两膝。

（2）以左脚蹬地带动右脚向前跳跃，双脚同时落地，然后更换右脚蹬地跳跃。重复3~5次。

踏步扩胸

 Ready

妈妈与宝宝并排站立，或面对面站立。（图1）

Play

图1

妈妈以动作示范教宝宝模仿：

（1）妈妈发出"踏步"口令，同时做出踏步示范，使宝宝模仿双脚原地踏步。（图2）

（2）妈妈再发出"伸展扩胸"指令，牵拉宝宝左右臂由胸前向两侧平举，双腿仍原地踏步，还原。重复3~5次。

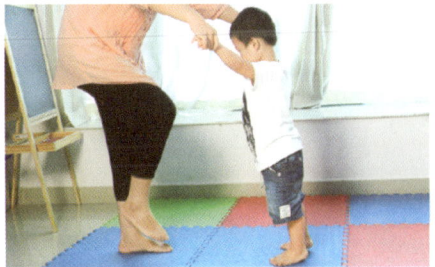

图2

爱心·小贴士

这个动作可以锻炼宝宝手脚的协调性。另外，扩胸运动可以增强宝宝的心肺功能。

仰卧抬腿

Ready

自然仰卧，两腿伸直，两臂平放于身体两侧。（图1）

Play

妈妈帮助宝宝做以下动作：

（1）一侧腿伸直上抬，直到与身体垂直。（图2）

（2）慢慢放下，另一侧腿做同样的动作。重复3～5次。（图3）

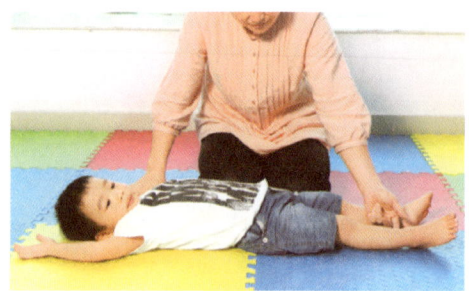

图1

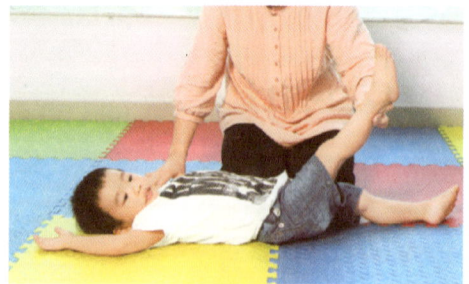

图2

爱心·小贴士

这个动作可以在起床或者睡前进行，可以增强下肢的力量，帮助宝宝负重，有助于提高腰、腿关节柔韧性，锻炼下肢肌肉力量。

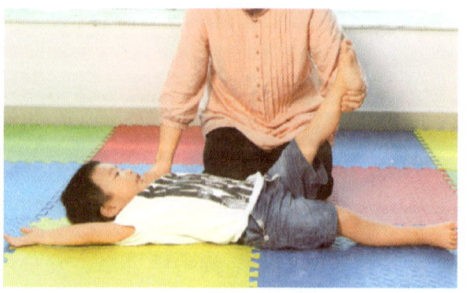

图3

双腿画圈

Ready

自然仰卧，两腿伸直，两臂平放身体两侧。（图1）

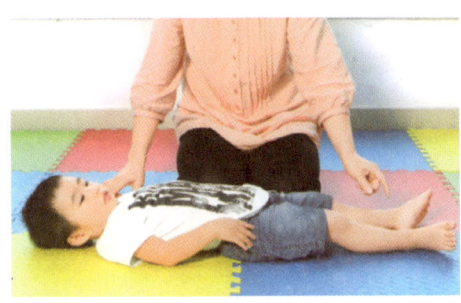

图1

Play

妈妈帮助宝宝做以下动作：

（1）将双腿抬起，慢慢伸到与身体成直角。（图2、3）

（2）然后将双腿向左侧慢慢落下，恢复到与身体呈直角后再向右侧落下。重复3～5次。

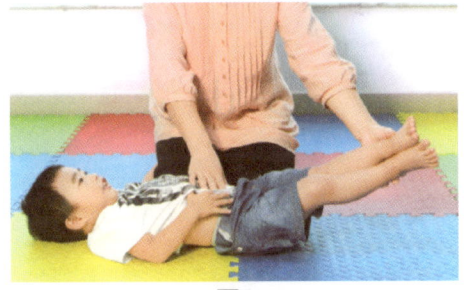

图2

爱心小贴士

这个动作可以拉伸宝宝腿部的韧带，锻炼腿部力量。

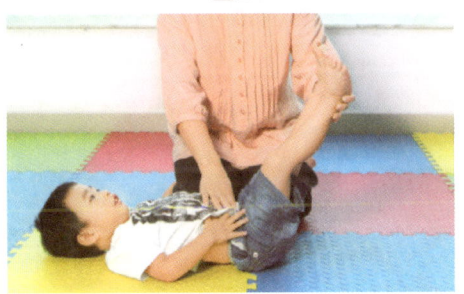

图3

腿脚好，才能跑得更快更远哦！

儿歌体操

Ready
妈妈和宝宝面对面站立。

Play

妈妈以动作示范教宝宝模仿：

一跳、二跳、三拍手、四跳、五跳、六跳高、七跳、八跳、九转圈、十次大跳、翻跟斗！

爱心小贴士

这个运动可以运动宝宝的全身，提高宝宝的运动能力。每次说到动作都要做到，这样才会有效果。

从小培养运动型宝宝

身体动作和脑部发育是相互作用的，四肢的运动能够促进脑细胞的发展，在孩子的运动敏感期，户外活动或在游戏中学习，比坐在屋里学习知识更有利于孩子大脑的发育。

0~1岁 精细运动能力飞速发展：当宝宝会用视线寻找物品，而且头部能够微微上扬时，你可以拿一些色彩鲜艳的字图卡、玩具等在宝宝视线30~50厘米处慢慢地移动，吸引宝宝的注意，在他的视线移动的同时，也强化了颈部肌肉。宝宝会坐或者会站的阶段，你可以带着宝宝一起蹲下来捡掉落的东西，而不是自己捡给他，这样宝宝才能自己运动。

1~3岁 手的能力和身体的大动作继续发展：锻炼宝宝的自理能力，如整理玩具、打扫房间、洗小物品等；提供各种结构材料，如积木、插塑、拼装玩具、橡皮泥、沙石等，让宝宝玩结构游戏。

3~4岁 发展身体运动智能的最佳时期：3~4岁儿童能掌握各种大动作和精细动作，是学习动作技巧的最佳时期。这个时期儿童身体柔软，能轻易学习很多动作，加之他们喜欢模仿，能不厌其烦地重复同一动作，因而只要能积极地加以指导和练习，就可以获得很多动作技巧。

4~6岁 系统整合、动作协调一致发展阶段：这时可以培养幼儿对体育活动的热爱，如打羽毛球、游泳、滑冰、跑步等。

Kid's Yoga

四、小不点瑜伽

小木马

Play

（1）让宝宝趴在地上，妈妈跨跪在宝宝上方。（图1）

（2）宝宝手往后伸，妈妈从顺着肩膀往下抓紧宝宝的手腕，慢慢将身体带离地面，有后弯的感觉。保持2～3次呼吸。（图2）

爱心·小贴士

这个体式可以让宝宝做扩胸的动作，妈妈不要只抓住手掌，一定要从肩膀顺着往下抓紧手腕，避免让宝宝产生痛的感觉。

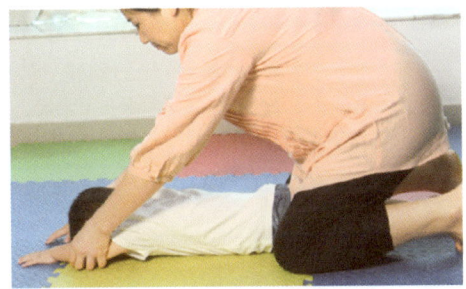

图1

图2

背背驮驮式

Play

（1）宝宝与妈妈背对背，妈妈下蹲，勾住宝宝的双手。（图1）

图1

（2）妈妈吸气，背部前弯，臀部微微
向上。将宝宝置于背上，吐气。保持
2～3次呼吸。缓慢还原，调整呼吸。
（图2）

图2

　　这个体式可以锻炼宝宝的手臂和肩背，伸展脊柱。还能按摩妈妈的
背部及腹部，解除腰酸背痛，同时可促进亲子关系，让宝宝开朗欢快，
更有自信与安全感。

亲子犬式

Play

（1）妈妈坐在地上，双腿打开与肩同宽，
宝宝跨坐于妈妈的大腿部，均匀地呼吸。
（图1）

（2）吸气，妈妈手用力将上半身撑起，
宝宝双手扶着妈妈的肩膀，妈妈吐气，上
身后仰，视线朝上看。保持2～3次呼吸。
缓慢还原，调整呼吸。（图2）

图1

　　这个体式可以培养亲子间的
感情与默契，让生活充满乐趣与
健康。宝宝身体重心来按摩妈妈
的臀、腹部，可促进妈妈的消化
能力，解除腹部胀气、便秘。

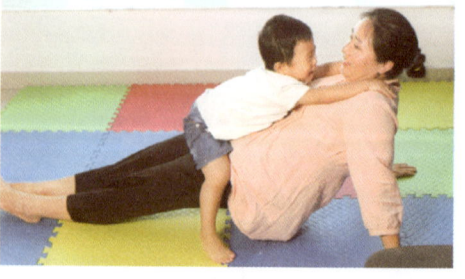

图2

骑马式

Play

（1）妈妈平伏在地上，双手放在前方地板上，均匀地呼吸。（图1）

（2）宝宝跨坐在妈妈的腰部，重心坐稳，吸气时妈妈可将腰部缓缓向上推高，吐气时腰部尽力下凹，各保持2~3次呼吸。缓慢还原，调整呼吸。（图2、3、4）

爱心·小·贴士

宝宝随着妈妈腰部的上下移动，可训练宝宝的平衡感，增加自信心与开朗的个性，使妈妈与宝宝的肢体语言更丰富。由于妈妈腰部承受来自宝宝的身体重力，可以按摩腰部，预防腰酸背痛。

妈妈，我们也来做瑜伽吧！

图1

图2

图3

图4

轮式

Play

（1）宝宝自然站立，向上伸展脊柱。（图1）

（2）呼气，妈妈双手扶宝宝腰部，宝宝身体缓缓向后仰。保持2～3次呼吸。（图2、3、4）

（3）缓慢还原，调整呼吸。（图5）

图1

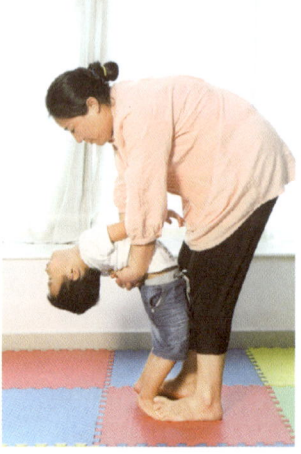

图2

图3

图4

图5

爱心·小贴士

这个体式可以增强宝宝腰腹力量，增强身体柔韧性，有利于提高宝宝的消化吸收能力。

门闩式

Play

（1）单膝跪地，另一条腿向侧面伸直。
妈妈与宝宝方向相反。（图1、2）

（2）吸气，双手合十向上伸展掌心。

（3）呼气，妈妈和宝宝缓缓将手向对
方方向伸展。保持2～3次呼吸。

图1

> **爱心·小·贴士**
>
> 　　这个体式可以伸展腿部肌肉，还能伸展脊柱，强化消化系统。

图2

小树

Play

　　妈妈与宝宝面对面站立。

　　妈妈以动作示范教宝宝模仿：

（1）与宝宝手牵手，抬起一条腿。

（2）将抬起的那只脚踩在另一条腿的
腿内侧。保持2～3次呼吸。

> **爱心·小·贴士**
>
> 　　这个体式可帮助宝宝练习平衡，当宝宝说脚酸或脚痛时，应该停下来。记住多鼓励宝宝。

风吹树式

Play

（1）自然站立，双腿分开，双脚掌边缘平行，双手合十向上举起。（图1）

（2）收腹向一侧弯腰，确保两侧腰往斜方向一起伸展。保持2～3次呼吸。（图2、3）

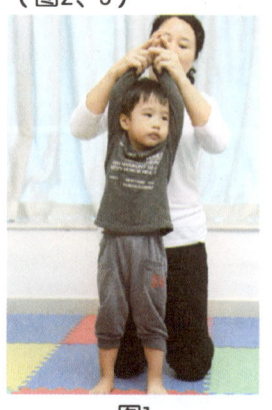 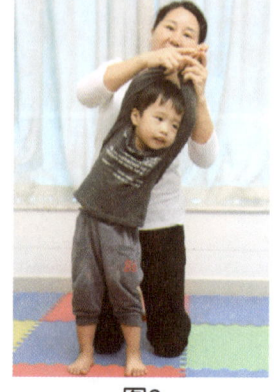 

图1　　　　　　　　　图2　　　　　　　　　图3

 爱心·小·贴士

　　这个体式可以伸展侧腰，纠正驼背，含胸等，培养良好的站姿。注意让宝宝挺胸，把肚子收进去。

飞翔式

Play

（1）宝宝在前，妈妈在后，跪坐在地板上；背部伸直，双手放在膝盖上。（图1）

（2）吸气，闭上眼睛，缓缓向后伸展双臂，头往后仰。保持2～3次呼吸。

（3）吸气，婴儿式放松。（图2）

图1

 爱心·小·贴士

　　这个体式可以防止宝宝驼背或出现斜肩现象，还有利于培养宝宝的想象力。

图2

亲子束角式

Play

（1）宝宝坐在妈妈两腿之间，妈妈和宝宝分别弯曲双腿，脚心相对。（图1）

（2）吸气，伸展脊椎；呼气，上身向左斜方前倾。保持2~3次呼吸。缓慢还原，调整呼吸。（图2）

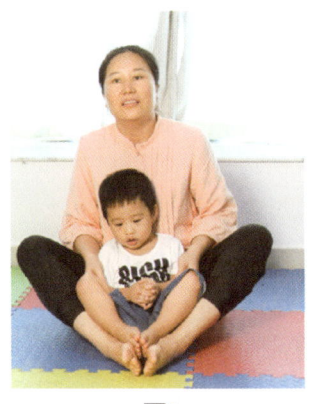 

图1　　　　　　　图2

　爱心·小贴士

　　这个体式可以拉伸脊柱和双腿，可以让宝宝长得更高，还能增进亲子情感交流。

亲子幻椅式

Play

（1）妈妈和宝宝相对站立，双腿并拢，宝宝手臂平举，妈妈托住宝宝双手。（图1）

（2）曲膝，膝盖不超出大拇趾，大腿争取与地面平行，臀部往下坐。收腹，不要踢腰，背挺直，肩放松。保持2~3次呼吸。（图2）

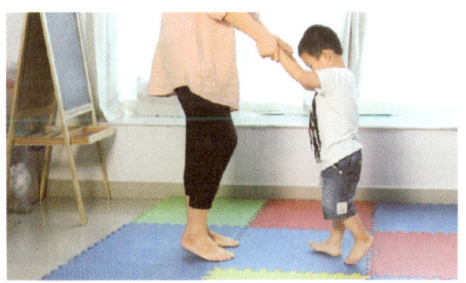

图1

　爱心·小贴士

　　这个体式可以强壮腿部的力量，提高腿部肌力。注意要告诉宝宝把背挺直，像坐在椅子上一样。

图2

亲子三角伸展式

（1）宝宝站前，妈妈在后。双脚大大分开。（图1）

（2）左脚内拐45度，右脚指尖朝向前方，双手侧平举。（图2）

（3）右手向前拉长，慢慢地放于右腿胫骨上，左手继续向上伸展，双臂成一条直线，眼睛看向高举的左手。保持2～3次呼吸。（图3、4）

（4）缓慢还原，调整呼吸。换另一侧做同样的动作。（图5、6）

图2

图3

图4

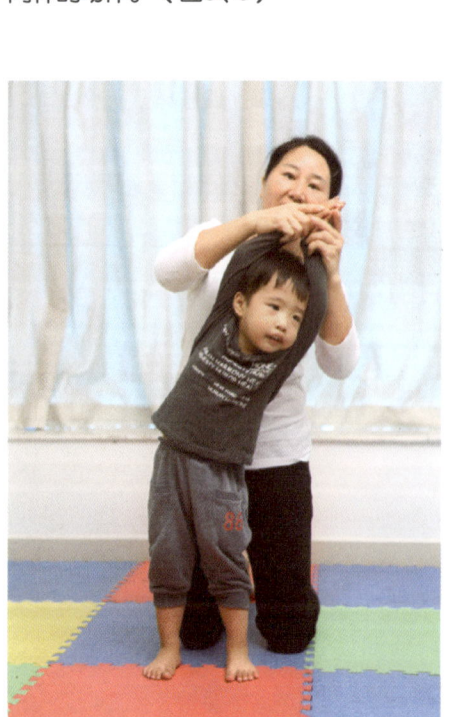

图1

图5

这个体式可以让妈妈和宝宝伸展全身，培养平衡感。

图6

小木偶

小木偶来啦！

Ready

妈妈与宝宝自然平躺。

Play

妈妈以动作示范教宝宝模仿：

妈妈边做动作边喊口令，轮流抬起左右脚和左右手，如"抬起你的左脚，举起你的右手"。

爱心·小·贴士

这个动作可训练宝宝身体自主性地伸展。不要要求太多，应让宝宝尽情地玩。让他用不同手脚运动，注意时间不要太久。

亲子瑜伽好处多

亲子瑜伽可以培养亲子情感、启蒙宝宝智力、让宝宝有更好的成长空间，同时还能使宝宝身体的发育更均衡，并加强宝宝身体的延展度，帮助宝宝骨骼及身体成长，让宝宝的身心得到均衡发展。此外，宝宝也可在和缓平静的肢体动作中，培养自控力和反应力。

The Exercising Games
that Babies Like

五、宝宝爱做的健身游戏

青蛙跳

Ready

宝宝蹲在地上，双脚分开一定距离，双手交叉放在背后。（图1）

Play

（1）小青蛙，前面跳。宝宝往前跳一步。（图2、3）

（2）大青蛙，后面跳。宝宝跳完后，妈妈跟着往前跳。

（3）一边跳，一边叫，呱呱呱，呱呱呱……叫声一片真热闹。妈妈和宝宝一起边跳边学青蛙叫。

爱心·小·贴士

这个游戏可以让宝宝学习双脚跳，锻炼宝宝的跳跃能力。边学儿歌边学跳跃，既锻炼了身体，又有利于宝宝学习语言，还能增进亲子感情，活跃家庭气氛。

图1

图2

图3

小闹钟摇呀摇

Ready

天亮了，小闹钟响了起来。它左摇右摆，转着圈，宝宝快起床跟妈妈一起做早操吧！

Play

给宝宝念儿歌，根据儿歌做相应动作：

（1）妈妈和宝宝面对面站立，双臂连续地由身体两侧向上举再放下。动作快速连贯，边做边念"小闹钟，摇呀摇"。

（2）双臂落到身体两侧；先将重心先落到左脚，抬起右脚，身体向左侧倾；然后重心落到右脚，抬起左脚，身体向右侧倾。一边做一边念"左摇摇，右摆摆"。

（3）妈妈和宝宝同时坐下，双手撑地，屈膝抬脚，用两脚的脚尖点地3次，再用脚跟拍地3次，同时念"滴铃铃，当啷啷"。

（4）起立，原地转圈，左一圈右一圈，"小朋友，起床啦"！

爱心·小·贴士

学儿歌，做早操，可以增强宝宝全身的协调性，还能让宝宝活力一整天。游戏时要以轻松、温和的情绪和语言感染孩子。

手指操

Play

给宝宝念儿歌，根据儿歌做相应动作：

（1）毛毛虫，找朋友，找到朋友点点头。妈妈和宝宝一人伸出一个手指头，从相对方向往前爬，爬到一起时用指尖互相点一下对方的手指。（图1、2、3）

（2）毛毛虫，找朋友，找到朋友拉拉手。妈妈和宝宝一人伸出一个手指头，从相对方向往前爬，妈妈和宝宝勾勾手。（图4、5、6）

图1

图2

图3

图4

图5

图6

这个游戏可以锻炼宝宝手指的灵活性和反应能力。要注意和宝宝的互动，熟练后让宝宝跟着一起念儿歌。

变个圆圆大皮球

Ready

妈妈和宝宝相对站立。

Play

给宝宝念儿歌，根据儿歌做相应动作：

（1）"我的眼睛圆又圆"。睁大眼睛，向左转一圈，再向右转一圈(逆时针、顺时针，圈儿都要转足哦。

（2）"我的脑袋圆又圆"。一起伸长脖子，前点、左点、后点、右点，依次做点头转圈的动作。

（3）"我的肩膀圆又圆"。双肩齐动，上抬、放下，同时向前转圈，再向后转圈，也可以左肩向后转，右肩向前转。

（3）"我的屁股圆又圆"。往后翘翘屁股，左摆右扭，屁股一定要扭动起来哦！

（4）"我的膝盖圆又圆"。向前弯腰，双手按在膝盖上，前后左右转动膝盖，想办法把圈圈绕圆。

（5）"我的脚丫圆又圆"。重心移到左脚，抬起右脚，把脚尖当做画笔在空中画圆，顺时针、逆时针都可以；右脚落地，换左脚尖画圆。

（6）哈哈，我的身体还会变成圆圆的大皮球，往前滚啊！往前滚。身体下蹲，向前做翻滚。

这个游戏能够帮助宝宝充分认识并运动到身体的各部位。

双腿活动游戏

Play

给宝宝念儿歌，根据儿歌做相应动作：
（1）运动左脚。顺时针转动左脚。
（图1、2、3、4、5）

图1

图2

图3

图4

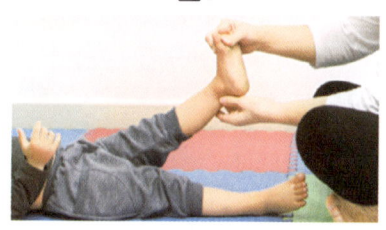

图5

（2）运动右脚。逆时针转动右脚。（图6、7、8、9）

图6

图7

图8

图9

（3）啪啪啪啪。两脚互拍。（图10、11、12）

图10　　　　　　　　　图11　　　　　　　　　图12

（4）转啊转啊转个圈圈。将宝宝的双腿进行绕圈圈动作。（图13、14、15、16）

图13　　　　　　　　　　　　　　图14

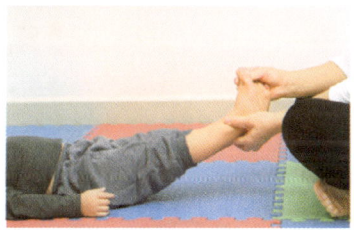 

图15　　　　　　　　　　　　　　图16

（5）一起唱唱跳跳、快快乐乐、哈哈哈哈。任意摆动宝宝的双脚，最后高举宝宝双脚。（图17、18）

图17　　　　　　　　　图18

爱心·小·贴士

　　这个游戏可以活动宝宝腿部各关节，让宝宝关节更灵活，有利于提高宝宝的跑跳能力，还能减少宝宝的运动损伤。

快乐小骑手

Ready

宝宝仰卧，妈妈手掌心贴着宝宝脚掌，宝宝做脚蹬车的动作。

Play

给宝宝念儿歌，根据儿歌做相应动作：

（1）一二三四，红灯停一停。妈妈和宝宝停止往前蹬。（图1）

（2）二二三四，绿灯开始走。妈妈和宝宝加快速度蹬踏。（图2）

（3）三二三四，黄灯慢慢行。妈妈和宝宝减慢蹬踏速度。（图3）

（4）四二三四，安全在我心。妈妈坐起来将宝宝抱在怀里亲亲宝宝。（图4）

爱心小贴士

这个游戏可以加强孩子腿部力量，让宝宝感受亲子游戏的快乐。做这组动作时，速度可以由慢到快，以逐步增强腿部肌肉的力量。

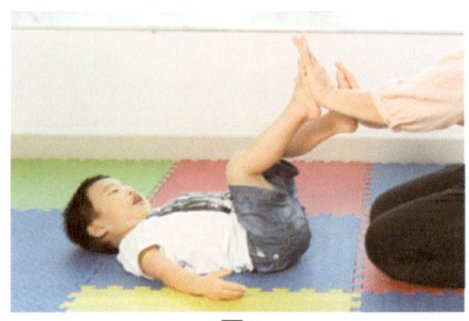

图2

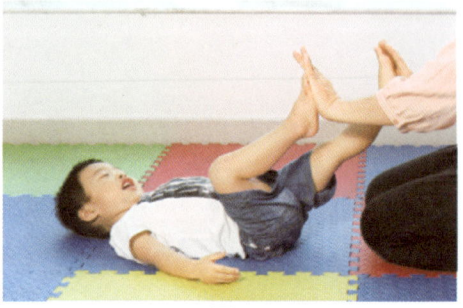

图3

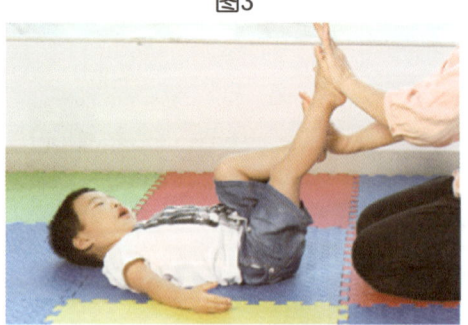

图4

图1

图5

身体碰碰操

Ready

妈妈和宝宝相对站立。

Play

给宝宝念儿歌，根据儿歌做相应动作：

（1）"我的耳朵碰肩膀"。两人同时把头侧向一方让耳朵碰到自己的一个肩膀，再用另一侧耳朵碰到另一则肩膀。

（2）"我的手指碰脚趾"。两人站立，一同弯腰，让自己的手指碰到脚趾。

（3）"我的膝盖碰鼻子"。两人可以坐下，弯腰，让鼻子碰到膝盖。

（4）"我的鼻子碰宝宝的鼻子"。妈妈抱起宝宝，二人的鼻子相碰，然后亲亲，大家快乐。

爱心·小·贴士

等到宝宝说话利落时，宝宝可以同妈妈互相交替发出命令，让彼此根据命令触碰身体任何一个地方。

根据宝宝的个性选择游戏

对于天性好动的孩子，可以选择较激烈的运动项目，要经常带到比较开阔的地方，让宝宝跑、跳，甚至打滚。

对于比较内向、喜欢安静的孩子，应该选择一些较平和、安静的运动项目。如经常与他一起唱歌、讲故事、搭积木或玩拍球之类的游戏。

坚持三浴锻炼，宝宝更健康

　　科学、合理地利用空气、阳光和水这三个大自然的馈赠对宝宝进行体格锻炼，对增强宝宝体质、改善中枢神经系统功能、提高宝宝对疾病的防御能力，都有良好的功效。注意只有当宝宝已经适应"三浴"锻炼，才能在一天内同时进行"三浴"，如早上空气浴与日光浴，睡前水浴。否则，只能交叉或间断进行。

空气浴

　　空气浴就是利用气温和人体皮肤表面温度之间的差异，形成一种刺激，使皮肤的血液循环加快，新陈代谢旺盛。

对宝宝的好处

·预防感冒，减少呼吸道疾病的发病率。

·提高宝宝对环境变化的适应性，增强机体对外界不良因素的抵御能力。

操作要求

·从夏季开始锻炼，逐渐过渡到冬季。如果夏季没有锻炼，冬季最好不进行，因为宝宝对温差的适应有一个过程。

·先室内，后室外。

·室温逐步下降，每3～4天下降1℃。1岁以内的宝宝，室温可降至14～16℃，但体弱宝宝不应低于15℃。

·空气浴持续的时间由开始时的几分钟逐渐延长到10～15分钟，20～30分钟，如结合游戏或体操还可适当延长。

·冬季空气浴可在室内进行，预先作好通风换气使室内空气新鲜，利用开窗来调节室温。

注意事项

·尽量暴露宝宝皮肤，与各种活动如游戏、体操、跑步等相结合。

·密切观察宝宝的反应，如有皮肤发紫、面色苍白、发冷等情况，应立即停止。

·身体比较衰弱、有急性呼吸道病及其他严重疾病的宝宝不宜进行此项锻炼。

日光浴

　　日光浴是利用阳光中紫外线、红外线的照射，促进宝宝生长发育，是在空气浴适应后的进一步的体格锻炼方法。

对宝宝的好处

- ·促进钙、磷吸收，增强免疫能力。
- ·预防和治疗佝偻病。

操作要求

- ·选择清洁、平坦、干燥、绿化较好、空气流畅但又避开强风的地方。
- ·1岁以上的宝宝可在气温24～30℃的环境中进行，最初每次锻炼2～5分钟，逐渐延长到30分钟。
- ·春季以上午10～11时为宜，夏季可安排在上午8～9时，冬季在上午10～12时。
- ·根据不同的气温尽量暴露宝宝的皮肤。
- ·夏季进行日光浴时，可适当使用防晒霜，防止宝宝晒伤。

注意事项

- ·注意保护宝宝眼睛，头部上方应有遮阴的东西，如戴上凉帽或暗色护目镜。
- ·让宝宝在阳光下或阴凉处自由活动，以增加宝宝兴趣。
- ·不宜于空腹或饭后1小时内进行。
- ·避免过冷过热，炎夏和大风时不宜进行。
- ·日光浴后及时补充水分。
- ·观察宝宝反应，如发现满头大汗、面色发红应立即停止，尤其在夏季。
- ·注意日光浴后皮肤是否有灼伤、脱皮、皮疹、精神萎靡等。
- ·患有活动性肺结核、心脏病、消化系统功能紊乱、体温调节功能差、身体特别虚弱或神经易兴奋的宝宝不宜进行这种锻炼。

水 浴

当宝宝进行了空气浴、日光浴的锻炼后，最后开始水浴的锻炼。水浴锻炼是利用身体表面和水的温差来锻炼身体，此法更容易控制强度，充分发挥宝宝的个体特点。一年四季均能进行。

对宝宝的好处

- ·预防反复呼吸道感染。
- ·防范手脚冻疮，增强皮肤对寒冷环境的适应能力。

操作要求

· 对于健康宝宝来说，低于20℃的水温宝宝会感到冷；20～30℃为凉；32～40℃是温；40℃以上是热。

· 水浴锻炼可以从温水逐渐过渡到冷水，切勿操之过急，以免受凉生病。

水浴种类

→冷水擦浴

这是最温和的水浴锻炼，操作方法比较简便，适用于6～7个月以上的婴儿和体弱宝宝。

室温应控制在20℃以上，夏季可在室外进行。开始时水温稍高些，为35℃左右，每隔2～3天降低水温1℃；较小的宝宝，水温可逐渐降至20℃左右，较大的宝宝水温可降至17～18℃，以后维持此水温。

操作：妈妈蘸水轮流擦宝宝左右上肢、下肢、胸、腹及背部等部位。擦四肢时应由手向肩部，由足部向腹股沟处进行，整个过程5～6分钟。擦浴动作要轻柔而快，完毕后用干毛巾擦干，再穿衣服。

→冷水淋浴

适用于2岁以上的宝宝。可利用淋浴设备进行，也可以用普通的喷壶。水温从34～35℃开始，逐渐降低，针对较小的宝宝，水温可降至26～28℃，针对较大的宝宝，水温可降至22～24℃。

操作：先冲淋背部，后冲淋两肋、胸部和腹部，注意不能用冲击量很大的水流冲淋头部。接受冲淋的时间以20～30秒为宜。一般在早饭前或午睡后进行较好。冲淋完毕后用干毛巾将全身擦干，如在寒冷季节，可进一步摩擦皮肤，使之微微发红和身体发热为好。

→冷水泡浴

利用自然的水场，如江、河、湖、海滨或游泳池、浴缸，但要防止溺水意外。水温不应低于24℃。最初阶段，游泳时间不超过3分钟，以后逐渐延长到每次10～15分钟。

附录 0~3岁宝宝各阶段的体格发育表
Appendix: Standard Schedules of Development for 0~3 Year-Old Babies

宝宝年龄	男宝宝体重（千克）	男宝宝身高（厘米）	女宝宝体重（千克）	女宝宝身高（厘米）
出生	2.9~3.8	48.2~52.8	2.7~3.6	47.7~52.0
1月	3.6~5.0	52.1~57	3.4~4.5	51.2~55.8
2月	4.3~6.0	55.5~60.7	4.0~5.4	54.4~59.2
3月	5.0~6.9	58.5~63.7	4.7~6.2	57.1~59.5
4月	5.7~7.6	61.1~66.4	5.3~6.9	59.4~64.5
5月	6.3~8.2	63.2~68.6	5.8~7.5	61.5~66.7
6月	6.9~8.8	65.1~70.5	6.3~8.1	63.3~68.6
8月	7.8~9.8	68.3~73.6	7.2~9.1	66.4~71.8
10月	8.6~10.6	71.0~76.3	7.9~9.9	69.0~74.5
12月	9.1~11.3	73.4~78.8	8.5~10.6	71.5~77.1
15月	9.8~12.0	76.6~82.3	9.1~11.3	74.8~80.7
18月	10.3~12.7	79.4~85.4	9.7~12.0	77.9~84.0
21月	10.8~13.3	81.9~88.4	10.2~12.6	80.6~87.0
24月	11.2~14.0	84.3~91.0	10.6~13.2	83.3~89.8
30月	12.1~15.3	88.9~95.8	11.7~14.7	87.9~94.7
36月	13.0~16.4	91.1~98.7	12.6~16.1	90.2~98.1

图书在版编目（CIP）数据

宝宝体智运动 / 《宝宝体智运动》编写组编著. --
成都：四川科学技术出版社，2013.7

ISBN 978-7-5364-7693-6

Ⅰ.①宝… Ⅱ.①宝… Ⅲ.①婴幼儿－运动训练
Ⅳ.①G613.7

中国版本图书馆CIP数据核字(2013)第162586号

宝宝体智运动

出 品 人	钱丹凝
编 著 者	《宝宝体智运动》编写组
责 任 编 辑	翁宜民
责 任 校 对	邓莎丽
封 面 设 计	◉中映良品（0755）26740502
责 任 出 版	周红君
出 版 发 行	四川出版集团·四川科学技术出版社 地址：四川省成都市三洞桥路12号　邮政编码：610031 网址：www.sckjs.com　传真：028-87734039
成 品 尺 寸	230mm×170mm
印　　张	10
字　　数	172千字
印　　刷	深圳市华信图文印务有限公司
版次/印次	2013年12月第1版　2013年12月第1次印刷
定　　价	35.00元

ISBN 978-7-5364-7693-6